文部科学省後援

実用フランス語技能検定試験

2024 年度版

2級・準2級

仏検公式ガイドブック

傾向と対策＋実施問題

フランス語教育振興協会編

公益財団法人フランス語教育振興協会

音声について

本書の音声は、下記サイトより無料でダウンロード、
およびストリーミングでお聴きいただけます。

https://stream.e-surugadai.com/books/isbn978-4-411-90307-5/

＊ご注意
・PC からでも、iPhone や Android のスマートフォンからでも音声を再生いただけます。
・音声は何度でもダウンロード・再生いただくことができます。
・当音声ファイルのデータにかかる著作権・その他の権利は公益財団法人フランス語教育振興協会（駿河台出版社）に帰属します。無断での複製・公衆送信・転載は禁止されています。

別売 CD について

無料音声ダウンロードと同じ内容の別売 CD（1 部 2 千円税・送料込）をご用意しております。ご希望の方は、級・住所・連絡先を記入のうえ、仏検事務局まで現金書留をお送りください。

公益財団法人フランス語教育振興協会　仏検事務局
〒102–0073　千代田区九段北 1–8–1 九段 101 ビル

まえがき

21 世紀はグローバル化の時代といわれます。そうであれば、世界から孤立せず、世界と対話し、平和で豊かな未来を切り拓くために、今こそさまざまな外国語をマスターしていくべきではないでしょうか。現代は多言語・多文化の世界へと移行しつつあり、そのなかでお互いを尊重しながら共生を目指すことが要請されているのです。英語一辺倒の方針では限界があるのは明らかでしょう。

世界の言語のなかでもとりわけフランス語は、フランスだけでなく、いくつもの国々や地域で話され、また、国連をはじめとする国際機関の公用語としても使われている重要な言語のひとつです。さらに、フランス語は、人類にとって普遍的な価値や独創的な文化を担ってきた言語でもあります。2021 年に東京で開かれたオリンピック・パラリンピックは、2024 年にはパリで開催されますが、とりわけオリンピックの第一公用語はフランス語です。開会式では、開催国の言語のほかフランス語と英語で出場国が紹介されますが、その際、最初にアナウンスされるのはフランス語なのです。2024 年には、多くの人々がパリを訪れるでしょう。皆さんもこれを機にフランス語を学び、ぜひフランスに触れてみてください。たとえ現地に行かなくとも、いまはインターネットなどさまざまなコミュニケーションの手段があります。かならずや多くの貴重な体験が得られるはずです。

ビジネスの世界では、フランス語圏の企業が次々に日本に進出してくる一方、日本の企業もフランス語圏に広く展開しています。トヨタ、ユニクロ、無印良品のフランス進出などはその典型的な例です。いまや英語ができてあたりまえとされるビジネスの世界にあって、さらにフランス語も使いこなせるとなれば、チャンスがさらに広がることはまちがいないでしょう。他方、フランス語をマスターしてアフリカ諸国で国際協力、援助活動に従事している人も少なくありません。このようにフランス語を学び使いこなせるようになることは、自分の人生をより豊かに生きる道につながります。

日本の学習者を対象とし、文部科学省とフランス大使館文化部の後援を受けて、1981 年以来実施されている「仏検」は、フランス語を聞き・話し・読み・書く能力をバランスよく客観的に評価する検定試験として、ますます高い評価を受けています。1 級・準 1 級・2 級・準 2 級・3 級・4 級・5 級の 7 段階を合わせて、これまで累計 95 万人以上が受験しています。また、大学の単位認定や編入学試験、大学院入試等に利用されるケースも多くなっています（多数の学生が受験している学校のリストが巻末にありますので、ご参照ください）。

本書は、2 級・準 2 級の「傾向と対策」と 2023 年度春季・秋季に実施した試験問題、およびそれについてのくわしくていねいな解説と解答を掲載した公式ガイドブックです。

なお、書き取り・聞き取り試験の音声を無料でダウンロードすることができます（別売の CD をご希望の方は、仏検事務局までお問合せください）。

本書の執筆分担は以下のとおりです（＊は各級の監修者）。

2 級：松村剛＊
準 2 級：北村卓・金澤忠信＊

また、本書の別冊として、これまでの実施問題を精選して詳細な解説を施した『セレクション』が級毎に刊行されています。フランス語の実力アップと仏検合格のために、2 つの公式ガイドブックをどうぞご活用ください。

2024 年 3 月

公益財団法人　フランス語教育振興協会

目　次

2023 年度秋季

実用フランス語技能検定試験　実施要領

実用フランス語技能検定試験（仏検）は、年２回、春季（1次試験6月・2次試験7月）と秋季（1次試験11月・2次試験1月）に実施しております。ただし、1級は春季のみ、準1級は秋季のみの実施です。

2次試験は1級・準1級・2級・準2級の1次試験合格者が対象です。なお、隣り合う2つの級まで併願が可能です。

また、出願の受付期間は、通常、春季は4月から5月中旬、秋季は9月から10月中旬です。

◆ 各級の内容

1級（春季のみ）	《1次》	筆記試験（記述式・客観形式併用）	120分
		書き取り・聞き取り試験	約40分
	《2次》	面接試験	約9分
準1級（秋季のみ）	《1次》	筆記試験（記述式・客観形式併用）	100分
		書き取り・聞き取り試験	約35分
	《2次》	面接試験	約7分
2級	《1次》	筆記試験（記述式・客観形式併用）	90分
		書き取り・聞き取り試験	約35分
	《2次》	面接試験	約5分
準2級	《1次》	筆記試験（記述式・客観形式併用）	75分
		書き取り・聞き取り試験	約25分
	《2次》	面接試験	約5分
3級		筆記試験（客観形式・記述式）	60分
		聞き取り試験	約15分
4級		筆記試験（客観形式）	45分
		聞き取り試験	約15分
5級		筆記試験（客観形式）	30分
		聞き取り試験	約15分

◆ 受験地（2024 年度春季〈予定〉）

1 次試験　札幌、弘前、盛岡、仙台、秋田、福島、宇都宮、群馬、草加、千葉、東京、新潟、富山、金沢、甲府、松本、岐阜、静岡、名古屋、京都、大阪、奈良、松江、岡山、広島、高松、松山、福岡、長崎、熊本、別府、薩摩川内、沖縄

2 次試験　札幌、盛岡、仙台、群馬、東京、新潟、金沢、静岡、名古屋、京都、大阪、松江、岡山、広島、高松、福岡、長崎、熊本、沖縄

＊上記の受験地は、季ごとに変更となる可能性があります。また、会場によって実施される級がことなる場合がありますので、くわしくは、最新の仏検受験要項・願書または APEF のホームページをご覧ください。

＊最終的な受験地・試験会場の詳細は、受験票の発送をもってお知らせします。

◆ 出願方法　下記の 2 つの方法からお選びください

1. **インターネット申込**：詳細は APEF のホームページをご覧ください。
2. **郵送申込**：受験要項・願書を入手→検定料納入→願書提出、の順でお手続きください。

＊全国の仏検特約書店・大学生協では願書・要項を配布、あわせて検定料の納入を受け付けております。

＊願書・要項は仏検事務局へ電話・E-mail 等で請求なさるか、APEF ホームページよりダウンロードして入手なさってください。

◆ 合否の判定とその通知

級によりことなりますが、60～70％の得点率を目安に出題するように努めています。各級の合格基準は、審査委員会がさまざまな条件を総合的に判断して決定しています。

結果通知には合否のほか、合格基準点、合格率とご本人の得点が記載されます。

◆ お問い合わせ先

公益財団法人　フランス語教育振興協会（APEF）　仏検事務局

〒 102-0073　東京都千代田区九段北 181　九段 101 ビル
TEL:　03-3230-1603　　FAX:　03-3239-3157
E-mail: dapf@apefdapf.org
URL:　https://apefdapf.org

2023 年度仏検受験状況

級（季）	出願者数	1次試験			1次試験免除者数	2次試験		
		受験者数	合格者数	合格率		受験者数	合格者数	最終合格率
1級	500 名	451 名	56 名	12.4%	10 名	63 名	56 名	12.2%
準1級	810 名	707 名	188 名	26.6%	29 名	196 名	143 名	20.0%
2級（春）	1,021 名	892 名	324 名	36.3%	22 名	328 名	277 名	30.9%
（秋）	1,160 名	1,006 名	374 名	37.2%	39 名	387 名	323 名	31.7%
準2級（春）	1,159 名	993 名	591 名	59.5%	48 名	615 名	547 名	53.8%
（秋）	1,364 名	1,195 名	701 名	58.7%	46 名	706 名	600 名	50.0%
3級（春）	2,187 名	1,936 名	1,282 名	66.2%				
（秋）	2,475 名	2,209 名	1,332 名	60.3%				
4級（春）	1,704 名	1,529 名	1,205 名	78.8%				
（秋）	2,892 名	2,667 名	2,108 名	79.0%				
5級（春）	1,325 名	1,213 名	1,046 名	86.2%				
（秋）	1,910 名	1,779 名	1,368 名	76.9%				

＊ 1級は春季のみ、準1級は秋季のみ

2 級

2 級の内容と程度

●程 度

日常生活や社会生活を営むうえで必要なフランス語を理解し、一般的なフランス語を読み、書き、聞き、話すことができる。ヨーロッパ言語共通参照枠（CEFR）の B1 にほぼ対応しています。

標準学習時間：400 時間以上

●試験内容

読 む	一般的な事柄についての文章を読み、その内容を理解できる。
書 く	一般的な事柄について、伝えたい内容を基本的なフランス語で書き表わすことができる。
聞 く	一般的な事柄に関する文章を聞いて、その内容を理解できる。
話 す	日常生活のさまざまな話題について、基本的な会話ができる。
文法知識	前置詞や動詞の選択・活用などについて、やや高度な文法知識が要求される。

語彙：約 3,000 語

●試験形式

1 次試験（100 点）

筆 記	問題数 7 問、配点 68 点。試験時間 90 分。マークシート方式、一部記述式。
書き取り	問題数 1 題、配点 14 点。試験時間（下記聞き取りと合わせて）約 35 分。
聞き取り	問題数 2 問、配点 18 点。語記入、マークシート方式。

2 次試験（30 点）

個人面接試験	日常生活に関する質問に対して、自分の伝えたいことを述べ、相手と対話をおこなう。 試験時間約 5 分。

2級の傾向と対策

2級は、準2級とくらべた場合、要求される程度が次のようにアップしています。準2級においては「日常生活における平易なフランス語」を「読み、書き、聞き、話す」ことが求められているのに対し、2級では「日常生活や社会生活を営むうえで必要なフランス語」の理解、すなわち「一般的なフランス語」を「読み、書き、聞き、話す」ことが必要とされています。準1級のように「多様なフランス語」が求められてはいませんが、単なる日常生活のレベルは超えており、より高度な「一般的なフランス語」の運用能力が必須とされていることに注意してください。ヨーロッパ言語共通参照枠ではB1におよそ対応しています。

標準学習時間は400時間ですから、4年制大学のフランス語・フランス文学専攻課程の4年生程度が目安といえるでしょう。必要な語彙数は約3000語で、これは『ラルースやさしい仏仏辞典 Niveau 1』（駿河台出版社）に収められている単語や表現を身につけていることにおよそ対応すると考えてよいでしょう。「単語や表現を身につける」とは、単にフランス語から日本語に、あるいは日本語からフランス語に個々の単語や表現を訳せることを意味するのではありません。それらの単語や表現を使ってきちんとした文を作ることができなくてはいけません。その場合、冠詞をどう使うか、前置詞としては何が適切か、組み合わせる単語はどれが自然かといった多様な問題が出てくることは2級のレベルでは当然わかるでしょう。さらに、名詞を動詞にしたらどうなるか、形容詞や動詞から名詞を作る場合にはどういう文ができるか、フランス語のなかで似たような言い方としてどういうものがあるか、それらの使い方の相違点はどこにあるか、あるいは逆に反意語としては何があるか、といった連想をどれだけ伸ばしていけるかというのも重要な点です。そういった意味での運用能力が求められている以上、仏和辞典と和仏辞典だけに頼る習慣はやめ、仏仏辞典を日ごろからよく読むことをおすすめします。本書でも『ラルースやさしい仏仏辞典 Niveau 1』を **解説** で引用していきますから、これをきっかけにこの辞書に慣れ親しむとよいでしょう。たくさんの例文と説明をとおして基本的な語彙を確実に身につけていくと、きちんとしたフランス語を使う喜びがいっそう増すにちがいありません。

『公式ガイドブック』には「**過去問しか載っていないから対策にならない**」

と思っている人がときどきいますが、過去の問題に取り組みつつ **解説** を熟読し、『ラルースやさしい仏仏辞典 Niveau 1』の該当箇所その他をよく読んで理解し、基本的な語彙を身につけていくことこそ最良の対策になるということは経験者が語るところです。問題を解くだけでなく **解説** もたんねんに読めば、今後の出題へのヒントがそこには多く隠されていると考えるべきでしょう。

2 次試験の面接の対策も、同様に、過去問を参考にして自分で作文をしてみたり、会話を考えてみたりすることでできるでしょう。

もちろん、さまざまな手段でフランス語になるべく多く接するように努めるべきであることは言うまでもないでしょう。現在では従来の紙媒体の新聞や週刊誌以外にも、インターネットを通じてさまざまな種類の情報を手に入れることが可能になっています。文字だけでなく画像や音声によって受け取ることもできます。ですから、そういった手段を積極的に活用し、生きたフランス語一般に多くふれるとよいでしょう。

2 級では準 2 級にくらべて記述式の問題がふえています。受験するときには記述式の問題を念入りに解くとよいでしょう。選択式は多少不明なところがあっても推測できる場合がありますが、記述式の場合には正確なつづりを書かなくてはいけないわけですから、ふだん以上にこまかいところまで注意して解答してください。基本的な事項ですが、文頭は**大文字**で始める、**アクサン**は明確に書く（傾斜の向きがあいまいにならないようにする、アクサン・シルコンフレックスをはっきり屋根型にする）といった点もおろそかにしないでください。筆記試験の 90 分をどう配分するかは各自の得意分野によってちがうでしょうが、選択式を早めに（もちろんあわてることなく）すませ、残った時間を記述式にあてて念入りに答えるというのはひとつの有効な方法だと言えるでしょう。書き取りと聞き取りにおいてもフランス語を注意して書くことを忘れないでください。

以下、2023 年度の問題と解説・解答を熟読し、それぞれの問題にどういう対策をすればよいか、よく考えてください。

解答用紙（雛型）（67%縮小）

2023年度　秋季　実用フランス語技能検定試験（2級）筆記試験　解答用紙

会　場　名

氏　名

会場コード					
⓪	⓪	⓪	⓪	⓪	⓪
①	①	①	①	①	①
②	②	②	②	②	②
③	③	③	③	③	③
④	④	④	④	④	④
⑤	⑤	⑤	⑤	⑤	⑤
⑥	⑥	⑥	⑥	⑥	⑥
⑦	⑦	⑦	⑦	⑦	⑦
⑧	⑧	⑧	⑧	⑧	⑧
⑨	⑨	⑨	⑨	⑨	⑨

受験番号							
⓪	⓪	⓪	⓪	⓪	⓪	⓪	⓪
①	①	①	①	①	①	①	①
②	②	②	②	②	②	②	②
③	③	③	③	③	③	③	③
④	④	④	④	④	④	④	④
⑤	⑤	⑤	⑤	⑤	⑤	⑤	⑤
⑥	⑥	⑥	⑥	⑥	⑥	⑥	⑥
⑦	⑦	⑦	⑦	⑦	⑦	⑦	⑦
⑧	⑧	⑧	⑧	⑧	⑧	⑧	⑧
⑨	⑨	⑨	⑨	⑨	⑨	⑨	⑨

記入およびマークについての注意事項

1. 解答にはかならずHBまたはBの黒鉛筆（シャープペンシルも可）を使用してください。ボールペンや万年筆等でマークした解答は機械による読み取りの対象とならないため、採点されません。
2. 記入は**太線の枠内**に、マークは◯の中を**正確に塗りつぶしてください**（下記マーク例参照）。
採点欄は塗りつぶさないでください。
3. 訂正の場合は、プラスチック製消しゴムできれいに消してください。
4. **解答用紙を折り曲げたり、破ったり、汚したりしないでください。**

マーク例

良い例	悪い例
●	

1

解答番号	解答欄
(1)	①②③④⑤⑥⑦⑧
(2)	①②③④⑤⑥⑦⑧
(3)	①②③④⑤⑥⑦⑧
(4)	①②③④⑤⑥⑦⑧

2

解答番号	解答欄	採点欄
(1)		②⓪
(2)		②⓪
(3)		②⓪
(4)		②⓪
(5)		②⓪

3

解答番号	解答欄	採点欄
(1)		②⓪
(2)		②⓪
(3)		②⓪
(4)		②⓪
(5)		②⓪

4

解答番号	解答欄
(1)	①②③
(2)	①②③
(3)	①②③
(4)	①②③
(5)	①②③

5

解答番号	解答欄
(1)	①②③④⑤⑥⑦
(2)	①②③④⑤⑥⑦
(3)	①②③④⑤⑥⑦
(4)	①②③④⑤⑥⑦
(5)	①②③④⑤⑥⑦

6

解答番号	解答欄
(1)	①②
(2)	①②
(3)	①②
(4)	①②
(5)	①②
(6)	①②
(7)	①②

7

解答番号	解答欄
(1)	①②③④
(2)	①②③④
(3)	①②③④
(4)	①②③④
(5)	①②③④

表面

2023年度　秋季　実用フランス語技能検定試験（2級）書き取り／聞き取り 試験　解答用紙

会　場　名
氏　名

会場コード

⓪	⓪	⓪	⓪	⓪	⓪
①	①	①	①	①	①
②	②	②	②	②	②
③	③	③	③	③	③
④	④	④	④	④	④
⑤	⑤	⑤	⑤	⑤	⑤
⑥	⑥	⑥	⑥	⑥	⑥
⑦	⑦	⑦	⑦	⑦	⑦
⑧	⑧	⑧	⑧	⑧	⑧
⑨	⑨	⑨	⑨	⑨	⑨

受験番号

⓪	⓪	⓪	⓪	⓪	⓪	⓪	⓪
①	①	①	①	①	①	①	①
②	②	②	②	②	②	②	②
③	③	③	③	③	③	③	③
④	④	④	④	④	④	④	④
⑤	⑤	⑤	⑤	⑤	⑤	⑤	⑤
⑥	⑥	⑥	⑥	⑥	⑥	⑥	⑥
⑦	⑦	⑦	⑦	⑦	⑦	⑦	⑦
⑧	⑧	⑧	⑧	⑧	⑧	⑧	⑧
⑨	⑨	⑨	⑨	⑨	⑨	⑨	⑨

記入およびマークについての注意事項

1. 解答にはかならずHBまたはBの黒鉛筆（シャープペンシルも可）を使用してください。ボールペンや万年筆等でマークした解答は機械による読み取りの対象とならないため、採点されません。
2. 記入は**太線の枠内**に、マークは○の中を**正確に塗りつぶしてください**（下記マーク例参照）。
   採点欄は塗りつぶさないでください。
3. 訂正の場合は、プラスチック製消しゴムできれいに消してください。
4. **解答用紙を折り曲げたり、破ったり、汚したりしないでください。**

マーク例

良い例	悪い例
●	

書き取り試験注意事項　（書き取り試験解答欄は裏面にあります。）

Romainの話を、次の要領で４回読みます。全文を書き取ってください。

・１回目、２回目は、ふつうの速さで全文を読みます。内容をよく理解するようにしてください。
・３回目は、ポーズをおきますから、その間に書き取ってください（句読点も読みます）。
・最後に、もう１回ふつうの速さで全文を読みます。
・読み終わってから３分後に、聞き取り試験にうつります。
・数を書く場合は、算用数字で書いてかまいません。（配点　14）

書き取り試験

採　点　欄
⓪ ① ② ③ ④ ⑤ ⑥ ⑦ ⑧ ⑨
⑩ ⑪ ⑫ ⑬ ⑭

聞き取り試験

1

解答番号	解　答　欄	採点欄
(1)		① ⓪
		① ⓪
(2)		① ⓪
		① ⓪
(3)		① ⓪
		① ⓪
(4)		① ⓪
(5)		① ⓪

2

解答番号	解　答　欄
(1)	① ②
(2)	① ②
(3)	① ②
(4)	① ②
(5)	① ②
(6)	① ②
(7)	① ②
(8)	① ②
(9)	① ②
(10)	① ②

裏面

2級書き取り試験　解答欄

2023年度春季
実用フランス語技能検定試験
筆記試験問題冊子 〈2 級〉

問題冊子は試験開始の合図があるまで開いてはいけません。

筆記試験		14 時 00 分 ～ 15 時 30 分 (休憩 20 分)
書き取り 聞き取り	試験	15 時 50 分から約 35 分間

◇**筆記試験と書き取り・聞き取り試験の双方を受験しないと欠席になります。**

◇問題冊子は表紙を含め 12 ページ、全部で 7 問題です。

注　意　事　項

1 途中退出はいっさい認めません。

2 筆記用具は **HB または B の黒鉛筆** (シャープペンシルも可) を用いてください。ボールペンや万年筆等でマークした解答は機械による読み取りの対象とならないため、採点されません。

3 解答用紙の所定欄に、**受験番号**と**カナ氏名**が印刷されていますから、まちがいがないか、**確認**してください。

4 **マーク式の解答は、解答用紙の解答欄にマークしてください。**たとえば、[1] の (1) に対して ③ と解答する場合は、次の例のように解答欄の ③ にマークしてください。

例 [1]

解答番号	解　答　欄
(1)	① ② ● ④ ⑤ ⑥ ⑦ ⑧

5 記述式の解答の場合、正しく判読できない文字で書かれたものは採点の対象となりません。

6 解答に関係のないことを書いた答案は無効にすることがあります。

7 解答用紙を折り曲げたり、破ったり、汚したりしないように注意してください。

8 問題内容に関する質問はいっさい受けつけません。

9 不正行為者はただちに退場、それ以降および来季以後の受験資格を失うことになります。

10 **携帯電話等の電子機器の電源はかならず切って、かばん等にしまってください。**通信機能のある時計は使用を禁じます。

11 **時計のアラームは使用しないでください。**

12 この試験問題の複製 (コピー) を禁じます。また、この試験問題の一部または全部を当協会の許可なく他に伝えたり、漏えいしたりすることを禁じます (インターネットや携帯サイト等に掲載することも含みます)。

1　次の (1) ～ (4) の (　　) 内に入れるのにもっとも適切なものを、下の ① ～ ⑧ のなかから 1 つずつ選び、解答欄のその番号にマークしてください。ただし、同じものを複数回用いることはできません。(配点　4)

(1) À la fête d'hier, j'ai retrouvé, (　　) autres, votre ancienne petite amie.

(2) Ce tissu fait 120 centimètres (　　) large.

(3) Je suis nul (　　) chimie.

(4) Mon enfant s'est penché en arrière et est tombé (　　) la renverse.

① à　② avec　③ contre　④ dans
⑤ de　⑥ en　⑦ entre　⑧ sur

(解説・解答 ▶ p.38)

2　次のフランス語の文 (1) ～ (5) が、それぞれあたえられた日本語の文が表わす意味になるように、(　　) 内に入れるのにもっとも適切な語 (各 1 語) を解答欄に書いてください。(配点　10)

(1) « Chien (　　) »
「猛犬注意」

(2) Elle a un (　　) pour le fromage.
彼女はチーズに目がない。

(3) Il peut (　　) à tout le monde de faire une erreur.
だれでも、まちがうことはある。

(4) Il (　　) nuit tôt en hiver.
冬は日が暮れるのが早い。

(5) Mon grand frère a la (　　) de la propreté.
兄は潔癖症だ。

(解説・解答 ▶ p.40)

3

次の (1) ～ (5) について、**A**、**B** がほぼ同じ意味になるように、(　　) 内に入れるのにもっとも適切なものを、下の語群から 1 つずつ選び、必要な形にして解答欄に書いてください。ただし、同じものを複数回用いることはできません。(配点　10)

(1) **A** En cherchant partout dans la maison, tu trouveras ta clé.
B (　　) toute la maison et tu trouveras ta clé.

(2) **A** Il faisait très froid chez lui, parce qu'il n'avait pas réparé le chauffage.
B Le chauffage n'ayant pas été réparé, on (　　) de froid chez lui.

(3) **A** Il y aura certainement un orage.
B Un orage (　　).

(4) **A** Si tu ne lui avais pas donné de conseils, il lui aurait fallu beaucoup de temps pour répondre à cette question.
B Sans tes conseils, elle (　　) beaucoup de temps à répondre à cette question.

(5) **A** Vous essaierez en vain de lui prouver votre innocence.
B Vous ne le (　　) jamais de votre innocence.

avoir	convaincre	fouiller	mettre
mourir	poser	s'annoncer	se dire

(解説・解答 ▶ p.43)

4　次の文章を読み、(1)～(5)に入れるのにもっとも適切なものを、それぞれ右のページの ① ～ ③ のなかから 1 つずつ選び、解答欄のその番号にマークしてください。(配点　10)

Le 70e concours de Miss Univers a récemment eu lieu en Israël. Le Royaume du Maroc y a envoyé une candidate après 40 ans d'absence. C'est Kawtar, jeune femme de 22 ans, qui l'y a représenté, mais ce choix (1) certains Marocains. Lors de sa victoire à la finale de l'élection de Miss Maroc, la jolie brune avait en effet parlé de (2) : « Ma grand-mère a fui l'Algérie pendant la guerre. Elle s'est installée au Maroc avec peu d'argent. Comme elle avait appris à coudre, elle a utilisé ça pour vivre. C'était sa chance ; ce métier (3) pour construire son indépendance. »

Ces propos avaient causé de violentes discussions. De nombreuses personnes avaient reproché à Kawtar de ne pas être une Marocaine d'origine et demandé aux organisateurs de lui retirer le titre de Miss Maroc. (4), la jeune fille a gardé son titre national et pris part au concours international. Ça a été pour elle une occasion de découvrir Israël. Elle a vu que l'ambiance changeait complètement d'une ville à l'autre. À ses yeux, le pays était (5).

(1) ① avait satisfait
② n'avait pas plu à
③ n'avait pas surpris

(2) ① sa couture habile
② ses origines algériennes
③ son travail quotidien

(3) ① a été un inconvénient
② lui a été utile
③ n'a pas été injuste

(4) ① À cause de la colère de ces Marocains
② Grâce à la protestation de ces personnes
③ Malgré l'opposition de ces gens

(5) ① incroyablement varié
② très peu variable
③ un changement d'adresse

（解説・解答 ▶ p.46）

5

次の文章は、高校生の Lydie に対するインタビューの一部です。インタビュアーの質問として（ 1 ）～（ 5 ）に入れるのにもっとも適切なものを、右のページの ① ～ ⑦ のなかから1つずつ選び、解答欄のその番号にマークしてください。（配点 10）

La journaliste : Lydie, vous allez participer au championnat mondial de maths à Lyon. (1)

Lydie : Pas du tout ! Je suis vraiment impatiente que l'événement commence !

La journaliste : (2)

Lydie : Non. Onze autres Français m'accompagneront. Au total, environ 350 personnes du monde entier s'y retrouveront.

La journaliste : (3)

Lydie : J'ai lu les sujets de ces dernières années.

La journaliste : (4)

Lydie : À l'école élémentaire. J'ai eu la chance d'avoir des professeurs qui m'ont donné le goût du calcul.

La journaliste : (5)

Lydie : Avant, je rêvais de devenir architecte. Mais maintenant, j'aimerais plutôt être ingénieure.

① À quand remonte votre intérêt pour les maths ?

② Combien y aura-t-il de participants ?

③ Comment vous êtes-vous préparée ?

④ Êtes-vous tendue ?

⑤ Par qui avez-vous appris l'existence de ce championnat ?

⑥ Que voulez-vous faire plus tard ?

⑦ Vous serez la seule Française à participer au championnat ?

（解説・解答 ▶ p.48）

6

次の文章を読み、右のページの (1) ～ (7) について、文章の内容に一致する場合は解答欄の ① に、一致しない場合は ② にマークしてください。(配点　14)

Dormir trop ou pas assez n'est pas bon pour la santé. Cette question a été beaucoup examinée par les scientifiques. Mais qu'en est-il des siestes* qu'un certain nombre d'entre nous ont l'habitude de faire l'après-midi ? Sur ce point, les avis diffèrent.

Une étude faite par la British Heart Association (BHA) se base sur des renseignements concernant la santé de trois milliers de personnes. Selon elle, par rapport à ceux qui ne dorment pas dans la journée, ceux qui font une sieste ont plus de risques de développer un problème cardiovasculaire**. Cette probabilité est la plus élevée chez les gens qui dorment moins de sept heures par nuit et qui font des siestes de plus de 30 minutes pendant la journée.

Doit-on en conclure qu'une sieste peut mettre la santé en danger ? Pauline Lesson, professeure à l'université de Dijon, se montre prudente devant ces résultats : « Ils peuvent être dus au hasard. Il pourrait y avoir d'autres problèmes de santé expliquant pourquoi une personne dort plus dans la journée et pourquoi elle risque plus d'avoir une maladie cardiovasculaire. » En effet, aucune analyse scientifique qui démontrerait ces rapports possibles entre sieste et maladies cardiovasculaires n'a été réalisée à ce jour.

* sieste : 昼寝

** cardiovasculaire : 心臓血管の

(1) Les scientifiques ont peu travaillé sur les rapports entre la durée du sommeil et la santé.

(2) Les spécialistes sont d'accord sur l'effet de la sieste sur la santé.

(3) Le nombre de personnes qu'examine l'étude de la BHA dépasse les 2 000.

(4) Selon l'étude de la BHA, faire la sieste peut avoir un effet négatif sur la santé.

(5) Selon l'étude de la BHA, le risque d'avoir une maladie cardiovasculaire est indépendant de la durée du sommeil la nuit.

(6) Pauline Lesson n'approuve pas tout à fait les conclusions de l'étude de la BHA.

(7) Aujourd'hui, on est capable d'expliquer de manière scientifique l'influence de la sieste sur la santé du cœur.

（解説・解答 ▶ p.51）

7　次の対話を読み、(1) ～ (5) に入れるのにもっとも適切なものを、それぞれ右のページの ① ～ ④ のなかから1つずつ選び、解答欄のその番号にマークしてください。(配点 10)

En arrivant dans une chambre d'hôtel après un long voyage.

Henri : Jeanne, regarde : mon costume qui était dans la valise est plein de plis !
Jeanne : (1) Quel est le problème ?
Henri : Ce n'est pas joli et c'est (2), parce que tu as fait les bagages trop vite.
Jeanne : Si tu n'es pas content, tu n'as qu'à les faire toi-même. D'ailleurs, c'est ce que je te dis toujours.
Henri : Ce qui m'embête, en plus, c'est que cette cravate (3) avec ma chemise.
Jeanne : (4), cette chemise est trop usée ; il faut en acheter une nouvelle.
Henri : Je ne peux pas sortir ; je ne trouve pas mes lunettes.
Jeanne : (5) : elles sont sur ton nez !

(1) ① Comment faire ?
② Enchantée !
③ Et alors ?
④ Que prends-tu ?

(2) ① de ta faute
② drôle
③ le mien
④ trop cher

(3) ① disparaît
② est idéale
③ ne va pas du tout
④ vient tout de suite

(4) ① Au moins
② C'est rapide
③ De toute façon
④ Heureusement

(5) ① C'est l'heure
② C'est normal
③ Je vais mieux
④ N'importe comment

（解説・解答 ▶ p.54）

2023年度春季
実用フランス語技能検定試験
聞き取り試験問題冊子　〈２級〉

書き取り・聞き取り試験時間は、
15 時 50 分 か ら 約 35 分 間

先に書き取り試験をおこないます。解答用紙表面の書き取り試験注意事項をよく読んでください。書き取り試験解答欄は裏面にあります。

この冊子は指示があるまで開かないでください。

◇**筆記試験と書き取り・聞き取り試験の双方を受験しないと欠席になります。**

◇問題冊子は表紙を含め 4 ページ、全部で 2 問題です。

書き取り・聞き取り試験注意事項

1　途中退出はいっさい認めません。

2　書き取り・聞き取り試験は、CD・テープでおこないます。

3　解答用紙の所定欄に、**受験番号**と**カナ氏名**が印刷されていますから、まちがいがないか、**確認**してください。

4　CD・テープの指示にしたがい、中を開いて、日本語の説明をよく読んでください。フランス語で書かれた部分にも目を通しておいてください。

5　解答はすべて別紙の書き取り・聞き取り試験解答用紙の解答欄に、**HB または B の黒鉛筆**（シャープペンシルも可）で記入またはマークしてください。ボールペンや万年筆等でマークした解答は機械による読み取りの対象とならないため、採点されません。

6　問題内容に関する質問はいっさい受けつけません。

7　**携帯電話等の電子機器の電源はかならず切って、かばん等にしまってください。**通信機能のある時計は使用を禁じます。

8　**時計のアラームは使用しないでください。**

9　この試験問題の複製（コピー）を禁じます。また、この試験問題の一部または全部を当協会の許可なく他に伝えたり、漏えいしたりすることを禁じます（インターネットや携帯サイト等に掲載することも含みます）。

書き取り・聞き取り試験

（試験時間：約 40 分間）

書き取り試験

注意事項

フランス語の文章を、次の要領で 4 回読みます。全文を書き取ってください。

- 1 回目、2 回目は、ふつうの速さで全文を読みます。内容をよく理解するようにしてください。
- 3 回目は、ポーズをおきますから、その間に書き取ってください（句読点も読みます）。
- 最後に、もう 1 回ふつうの速さで全文を読みます。
- 読み終わってから 3 分後に、聞き取り試験にうつります。
- 数を書く場合は、算用数字で書いてかまいません。（配点　14）

［ 音声を聞く順番 ］ 01 → 01 → 02 → 01

（解説・解答 ▶ p.57）

聞き取り試験

1

- まず、Aurélien と Louise の会話を聞いてください。
- つづいて、それについての 5 つの質問を読みます。
- もう 1 回、Aurélien と Louise の会話を聞いてください。
- もう 1 回、5 つの質問を読みます。1 問ごとにポーズをおきますから、その間に、答えを解答用紙の解答欄にフランス語で書いてください。
- それぞれの (　　) 内に 1 語入ります。
- 答えを書く時間は、1 問につき 10 秒です。
- 最後に、もう 1 回 Aurélien と Louise の会話を聞いてください。
- 数を記入する場合は、算用数字で書いてください。

(メモは自由にとってかまいません)(配点　8)

［ 音声を聞く順番 ］ 03 → 04 → 03 → 05 → 03

(1) Parce qu'il a ( ) de réserver l'hôtel.

(2) Parce que tous les hôtels de la ( ) sont ( ).

(3) Elle est assez ( ), mais toujours ( ).

(4) Elle a vu d'énormes ( ).

(5) Sur la ( ), pour qu'elle puisse retourner dans sa ( ) quand elle voudra.

（解説・解答 ▶ p.61）

2

- まず、Julesの話を2回聞いてください。
- 次に、その内容について述べた文 (1) ～ (10) を2回通して読みます。それぞれの文が話の内容に一致する場合は解答欄の ① に、一致しない場合は ② にマークしてください。
- 最後に、もう1回Julesの話を聞いてください。
(メモは自由にとってかまいません) (配点 10)

［音声を聞く順番］ 06 → 06 → 07 → 07 → 06

（解説・解答 ▶ p.65）

2 次 試 験

試験方法

○2次試験は個人面接です（面接時間：5分）。
○指示にしたがい試験室に入室し、はじめに氏名の確認がありますから、フランス語で答えてください。
○次に、面接委員によりフランス語で質問がありますから、フランス語で答えてください。

＊注意＊　試験入室前に携帯電話等の電子機器の電源を切ってください。

◆ Le jury choisit un(des) sujet(s) dans la liste en fonction des intérêts de chaque candidat.

1. Présentez-nous votre meilleur(e) ami(e).
2. Qu'est-ce que vous allez manger ce soir ?
3. Allez-vous souvent au café ? Pourquoi ?
4. Préférez-vous les chiens ou les chats ? Pourquoi ?
5. Avez-vous voyagé récemment ?
6. Qu'est-ce que vous avez fait hier ?
7. Faites-vous quelque chose pour votre santé ?
8. Cette année, quels sont vos projets pour les vacances d'été ?
9. Pourriez-vous vivre sans téléphone portable ?
10. Faites-vous du vélo ?

（解説 ▶ p.72）

2023年度春季2級

今季の出願者は1021名（うち1次試験免除者数22名）、1次試験の実受験者数は892名でした。また1次試験の合格者は324名（対受験者合格率36.3%）、1次試験の平均点は53点でした。1次試験免除者をくわえた2次試験の実受験者は328名、1次試験と2次試験の両方に合格した最終合格者数は277名（最終合格率30.9%）でした。

出題内容のあらまし

1 次［筆記］

1 前置詞（穴うめ・選択）
2 フランス語文の完成（和文つき／穴うめ・記述）
3 フランス語文の完成（動詞を選択活用／穴うめ・記述）
4 説明文（ミス・モロッコ／穴うめ・選択）
5 インタビュー（数学オリンピック／穴うめ・選択）
6 説明文（昼寝と健康／内容一致・選択）
7 対話文（旅先の夫妻／穴うめ・選択）

［書き取り］ 談話文（カバンの紛失）

［聞き取り］

1 対話文（ベランダでキャンプ／仏問仏答完成／穴うめ・記述）
2 談話文（歌で教える地理／内容一致・選択）

2 次［面接］（個人面接方式）受験者が試験室に入室後、面接委員がフランス語で質問し、受験者がそれに答える。（試験時間約 5 分間）

1 次 試 験

筆記試験

解説・解答

1 **解説** 適切な前置詞を選択する問題です。同様の形式の問題が1級にいたるまで出題されていることからもわかるように、前置詞はフランス語の文章を組み立てるにあたってきわめて重要な役割をはたします。前置詞は、数が限られているうえに形の変化もありませんので、動詞などにくらべるとその学習は比較的容易に見えます。たしかに問われる前置詞は、à や de、そして dans、en、pour など、いずれも初級文法の授業で習う基本的なものばかりです。しかし1つの前置詞がさまざまな意味や用法をもっているため、使い分けに注意が必要で、上級者でも油断ができません。多くの文章にふれるにつれて、次第に、à は「～（場所・時間）に」、de は「～（場所・時間）から」といった、初級文法で最初に覚えた意味では対応できない表現に出会うようになります。そのとき感じる違和感こそが、フランス語上達のための大きなチャンスです。今さら前置詞を調べるなんてと面倒くさがらずに辞書をひき、文脈にもっともよくあてはまる用法はどれなのか、説明と例文を熟読してみつけてください。その際、辞書をひくときはつねにそうですが、当該の用法以外の用法についても目を通し、頭のなかを整理しておいてください。疑問をもつたびにそれを繰り返していれば、文章に出てくるすべての前置詞について、用法をきちんと説明できるようになるでしょう。同じ前置詞でも組み合わされた動詞や形容詞によってことなった意味で用いられるということを、実例をもって十分に理解しておくことが大切です。

もう1点重要なのは、前置詞そのものの学習というよりも、動詞や形容詞、名詞について学ぶ際に、それと結びついて用いられる前置詞をいっしょに覚えておくことです。また前置詞は特定の単語と結びついて日本語話者の感覚からかけ離れた成句的な表現を作ることもあります。勘に頼らず辞書をこまめにひいて確認するようにしましょう。前置詞それ自体の用法と他の品詞による特定の前置詞の要求との双方の側面に注意していれば、前置詞は着実に身についていくはずです。

今回、この問題の全体の得点率は41％で、例年並みの結果となりました。それでは、設問ごとにくわしく見ていきましょう。

(**1**)　À la fête d'hier, j'ai retrouvé, (entre) autres, votre ancienne petite amie.「きのうのパーティーで、いろいろな人たちのなかで、あなたのかつての恋人に会いました」という意味です。得点率は51％でした。*avec* を選んだ受験者が1割強、*dans* を選んだ受験者が2割強いましたが、*avec autres*、*dans autres* という表現は使われません。

前置詞entreはよく知っていると思っていても、『ラルースやさしい仏仏辞典 Niveau 1』のentreの項をこの機会にひくとよいでしょう。entre + n. et n. ; entre + n. plur. という構文の例文（« Je ne sais pas quoi choisir entre toutes ces jolies choses ! » など）が載っている以外に、entre nousという表現の例文（« Entre nous, je peux vous dire que je n'aime pas beaucoup Mme Dupont, mais ne le répétez pas. »）と、この設問で問われている entre autres の例文（« Alors vous êtes beaucoup allés au cinéma pendant ces vacances ? — Oui et on a vu, entre autres, un film américain extraordinaire. »）もあります。解説と合わせて熟読すると同義表現も身につけることができるでしょう。

(**2**)　Ce tissu fait 120 centimètres (de) large.「この布は幅120センチだ」という意味です。前置詞deには数量や程度を示し「～の、～だけ」という意味があることを問う問題です。誤答としては *en* がめだちました。得点率は44％でした。

『ラルースやさしい仏仏辞典 Niveau 1』のlargeの項をひくとde largeという形で設問に似た例文が載っていますから確認するとよいでしょう。さらに、この設問で使われているfaire＋数量表現の構文が身についているかどうか、考えてみてください。『ラルースやさしい仏仏辞典 Niveau 1』のfaireの項には « Cette pièce fait cinq mètres de long. » という例文が載っています。この例文のなかにある名詞pièceがどういう意味か、正確に理解しているでしょうか。

(**3**)　Je suis nul (en) chimie.「私は化学は全然できない」という意味です。この問題は、基本的な語彙であるnulが「（ある分野で）無能な」という意味ではどう使われるかを問うものです。得点率は44%でした。誤答としては *à* と *de* がめだちました。

『ラルースやさしい仏仏辞典 Niveau 1』の nul の項には、être nul (en, à qqch) の構文があげられ、例文として « Tu es quand même moins nul que moi au tennis. » « Dire que tu as fait six ans d'études et que tu es nul en anglais ! » が載っています。説明には同義語と反意語も複数あげられていますから、語彙をふやすことができます。

(4) Mon enfant s'est penché en arrière et est tombé (à) la renverse.「私の子どもはのけぞって、あおむけにひっくり返った」という意味です。*dans* を選んだ受験者が2割、*sur* を選んだ受験者が3割以上いました。得点率は27%でした。

『ラルースやさしい仏仏辞典 Niveau 1』の renverser の項の派生語として載っている名詞 renverse は à la renverse という副詞句で使われることが多く、« Il est tombé à la renverse. » という例文に関して « en arrière (sur le dos), comme si on l'avait renversé » という説明がついています。この機会に動詞 renverser の用法も確認するとよいでしょう。『プログレッシブ仏和辞典』に renverse が収録されていないのは編集上のミスでしょう。

解答　(1) ⑦　(2) ⑤　(3) ⑥　(4) ①

2　**解説**　自然な日本語の文をフランス語の文に書きかえる際に必要となる語を空欄に記す問題です。ここで注意しなければならないのは、日本語の文がフランス語の文に1語1語対応しているわけではないということです。そのため、空欄に対応する日本語の単語をさがして、それをそのままフランス語に訳しても正解は得られません。

この問題を解くにあたっては、まず日本語の文の内容をよく理解しましょう。次にフランス語の文を読みます。空欄にどのような品詞のどのような形が入るのかを文の構造から推測し、日本語の文と同じ内容の正しい文になる単語をさがします。そのとき、日本語の言い回しにとらわれるのではなく、むしろあたえられたフランス語文にひきつけて日本語文を言いかえられないかどうかを考えると答えやすくなります。そして解答を書く際には、つづりをまちがえないように十分注意しましょう。

この問題に備えるためには、1 つの単語が他のどのような単語と組み合わされて使われるかを意識的に覚えるとよいでしょう。また成句表現や日常的な口語表現についても、どのような文脈で使われるかもふくめて、きちんと身につけておくことが大切です。

この問題全体の得点率は、例年より低く 10%でした。それでは、各設問をくわしく見ていきましょう。

(1) 日本語の「猛犬注意」に対応する文として、« Chien (　　) » が印刷されていますから、空欄に méchant を記入すれば正解です。dangereux、féroce を入れても正解ですが、*agressif* はこの場合には使われないので不可です。得点率は 9%でした。誤答としてもっとも多かったのは「注意」につられてしまった *attention* ですが、「猛犬注意」の場合には適切ではありません。

『ラルースやさしい仏仏辞典 Niveau 1』の chien の項の解説を見ると、この辞書の見出しにはなっていない aboiement、aboyer、grogner、mordre、laisse といった単語が関連する語彙として紹介されています。この機会にこれらがどういう意味でどのように使われるかも確認すると、語彙をふやすことができるでしょう。

(2) 日本語の「彼女はチーズに目がない」に対応する文として、Elle a un (　　) pour le fromage. の空欄に入れる単語を考える問題です。「〜が大好きである」という意味の動詞句 avoir un faible pour を思い出せば、空欄に faible を入れることは容易なはずです。得点率は 1%に達しませんでした。誤答としては *goût*、*fou*、*amour* などが見られました。

『ラルースやさしい仏仏辞典 Niveau 1』の faible の項を見ると、形容詞としての用法の例文（たとえば « Marie est faible en orthographe : qu'est-ce qu'elle fait comme fautes ! »）以外に、名詞としての用法があげられ、« Elle a un faible pour son dernier fils, mais ça se voit trop, ce n'est pas juste pour les autres enfants. » という例文が載っています。解説と派生語 faiblement、faiblesse、s'affaiblir の例文まで熟読するとよいでしょう。

(3) 「だれでも、まちがうことはある」に対応する文として、Il peut (　　) à tout le monde de faire une erreur. の空欄には動詞の不定法が入ると推測できます。自動詞 arriver の非人称としての用法を思い出せば、この動詞を記入することはむずかしくないでしょう。得点率は19%でした。誤答には *être*、*avoir*、*possible* などがありましたが、いずれもこの場合には使えません。

『ラルースやさしい仏仏辞典 Niveau 1』の arriver の項には、非人称表現の例文のほか、自動詞の成句として en arriver à + inf. があげられています。例文（« Comment a-t-il pu en arriver à tuer sa femme ? » « J'en arrive à me demander s'il n'est pas fou ! »）をもとに、この表現が身についているか確認するとよいでしょう。

(4) 「冬は日が暮れるのが早い」にあたる文として、Il (　　) nuit tôt en hiver. が印刷されていますから、「日が暮れる」を意味する非人称表現 il fait nuit を知っていれば空欄に fait を入れることは容易でしょう。得点率は20%でした。誤答としては *tombe*、*devient*、*vient* などがありました。La nuit tombe. とは言いますが *Il tombe nuit.* とは言わないのでこの設問では適切ではありません。

『ラルースやさしい仏仏辞典 Niveau 1』の nuit の項にはこの設問と同じ文以外にいくつもの例文（« Qu'est-ce que j'ai mal dormi cette nuit ! » « Cette équipe d'ouvriers travaille de nuit. » など）が載っています。どれも簡単に意味はわかるでしょうが、実際にそれらの文を作ることができるかどうかためすと、身についているかどうか確認できるでしょう。

(5) 「兄は潔癖症だ」に対応する文として Mon grand frère a la (　　) de la propreté. が印刷されています。「偏愛」「癖」を意味する manie を入れれば正解です。folie、passion も可ですが、2割の答案に見られた *maladie* は不可です。得点率は1%でした。

『ラルースやさしい仏仏辞典 Niveau 1』の manie の項にはこの名詞が多くの場合軽蔑的な意味で使われるという説明が与えられ、軽蔑的な意味の場合の同義語 (habitude) と、そうでない場合の同義語 (goût、passion) が載っています。この説明を身につけていると自分で使う際に役立つでしょう。

解答　(1) méchant　(2) faible　(3) arriver　(4) fait　(5) manie

3 **解説** 2つの文**A**と**B**があたえられており、**B**の文には1語だけ空欄があります。**A**と**B**がほぼ同じ意味になるように、不定詞の形であたえられた8つの動詞のなかから適切なものを選び、それを必要な形に活用させて空欄をうめる問題です。

同じ内容であっても別の表現で言い表わすために、筆記試験2のように発想の転換が必要になります。もちろん、**A**と**B**の構文が同じで、**A**の1つの単語の類義語をさがせばよい場合もありますが、どちらかといえば例外です。大半は、**A**と**B**がことなる構文で、空欄に対応するのが品詞のことなる複数語の表現である場合です。

そのうえで忘れてはならないのは、**A**の時制と叙法を見きわめて、選んだ動詞をそれに合わせて活用させることです。その際、活用形のつづりをまちがえないように注意しましょう。

この問題全体の得点率は例年より低く、17%でした。それでは、各設問をくわしく見ていきましょう。

(1)　**A**の文は「家じゅうをさがせば、君はカギをみつけるだろう」という意味です。**B**の文は「家じゅうを（　　）、そうすれば君はカギをみつけるだろう」と理解できるでしょう。選択肢の動詞のなかから空欄に入りそうなものをさがすと、「～をさがしまわる」を意味するfouillerがみつかりますから、それを命令法2人称単数Fouilleにします。文頭ですから大文字で始めることを忘れないようにしましょう。多くの受験者が動詞を適切に選んでいましたが、現在分詞にしたり、命令法の活用をまちがえたりした答案が少なからずありました。得点率は23%でした。

『ラルースやさしい仏仏辞典 Niveau 1』のfouillerの項を見ると、他動詞の用法（例文は« Après le crime, la police a fouillé tous les immeubles du quartier, mais elle n'a rien trouvé. »など）だけでなく、自動詞の用法（例文は« Qui a fouillé dans les poches de ma veste ? »など）もあげられています。それぞれの同義語も載っていますので、どのように使われるのか確認するとよいでしょう。

(2)　**A**の文は「彼の家はとても寒かった。暖房を彼が修理しておかなかったからだ」という意味です。**B**の文は「暖房が修理されていなかったので、彼の家では寒さで（　　）」と理解できるでしょう。カッコのあとにde froidがありますから、「凍死する」「死ぬほど寒い」を意味する動詞句 mourir de froid を思い出せば、選択肢のなかから mourir をみつけ、**A** の文の時制に合わせて直説法半過去形3人称単数 mourait に活用させることは容易なはずです（*meurt*、*est mort* は不可です）。得点率は13％でした。*avait* を記入した受験者が1割5分いましたが、avoir froid とは言っても *avoir de froid* とは言わないのでこの場合には適切ではありません。正しく動詞を選んでいながら活用を正確に書けなかった答案が少なくありませんでした。動詞の活用はふだんから手を使って練習しないと身につかないものです。

『ラルースやさしい仏仏辞典 Niveau 1』の mourir の項をひくと、mourir de faim, de soif, de froid, etc. が表現としてあげられ、2つの例文（« Je meurs de faim, vite à table ! » « On meurt de froid dans cette pièce, fermez la fenêtre. »）が載っています。『プログレッシブ仏和辞典』の mourir の項では、この用法は不定法、直説法現在形と半過去形で使われると説明されています。

(3) **A** の文は「きっと雷雨になるだろう」という意味で、**B** の文は「雷雨が（　　）」と訳せます。「〜になりそうである」「〜のきざしがある」という意味になる動詞を選択肢のなかにさがすと s'annoncer がみつかります。**A** の文では直説法単純未来形が使われていますが、文意を考慮すれば **B** の文では直説法現在形でよいので、s'annonce と記入すれば正解です。得点率は5％でした。単純未来形 s'*annoncera* にした答案が3割近くありましたが、文の意味をよく考える必要があります。

この機会に『ラルースやさしい仏仏辞典 Niveau 1』の annoncer の項をひき、他動詞の用法（例文は « Pierre est venu me voir et il m'a annoncé qu'il se marie demain. » など）と代名動詞の用法（例文は « Les affaires marchent mal, on dit qu'une nouvelle crise économique s'annonce. » など）を確認し、多数あげられている同義語にも注目すると語彙をふやすことができるでしょう。代名動詞 s'annoncer の同義語として se préparer が載っていますから、同じ辞書の préparer の項も参照すると、この設問に類似した例文 « Il y a des nuages, c'est un orage qui se prépare. » がみつかります。こういった作業をすると多様な書きかえをする練習になるでしょう。

(4) **A** の文は「もし君が彼女に助言をしなかったら、彼女がこの問いに答えるのに長い時間がかかっただろう」という意味です。**B** の文は「君の助言がなければ、この問いに答えるのに彼女は長い時間を（　　）」と理解できるでしょう。空欄には「(ある時間を) かける」を意味する動詞を選べばよいわけですから、選択肢のなかから mettre がそれに該当すると気づくことはむずかしくないでしょう。問題はそれをどう活用させるかです。**A** と **B** の文をくらべて条件法過去形3人称単数が適切であると判断できれば、aurait mis という正解に到達します（接続法大過去形 eût mis も可です）。得点率は13%でした。正しい動詞を選びながら、活用でつまづいた受験者が少なくありませんでした。仮定を表わす文で条件法がどう使われるか、参考書などで再確認するとよいでしょう。

『ラルースやさしい仏仏辞典 Niveau 1』の mettre の項は長いですが、この基本単語の多様な用法が説明されていますから熟読するとよいでしょう。この設問と同じ用法の例文（« En voyant la tête qu'il faisait, je n'ai pas mis longtemps à comprendre ! » など）のほか、ne plus savoir où se mettre、s'y mettre といった熟語も載っています（例文はそれぞれ « J'avais honte, je ne savais plus où me mettre. » « Je t'en prie, n'interviens pas : si toi aussi tu t'y mets, on n'en sortira jamais. »）。自分でもこれらの文を作れるかどうかためしてみることをおすすめします。

(5) **A** の文は「あなたはあなたの無実を彼に証明しようとしても無駄でしょう」という意味です。**B** の文は「あなたはあなたの無実についてけっして彼を（　　）ないでしょう」という意味になります。「説得する、納得させる」という意味になる動詞を選択肢のなかにさがすと、convaincre がみつかります。**A** の文で使われているのと同じ時制にすれば文意が同じになると判断できますから、直説法単純未来形2人称複数 convaincrez と記入すれば正解です。得点率は34%でした。*poser*、*s'annoncer*、*se dire* などを選んだ受験者が少なくありませんでしたが、この文では適切ではありません。

『ラルースやさしい仏仏辞典 Niveau 1』の convaincre の項を参照し、この動詞がどう使われるかを見ておくと同時に、派生語 convaincant、conviction にも注目すると書きかえの仕方がわかります。

解答　(1) Fouille　(2) mourait　(3) s'annonce
(4) aurait mis　(5) convaincrez

4 **解説** 長文に5つの空欄が設けられており、それぞれ3つの選択肢のなかから文章の流れに合うものを選ぶ問題です。各選択肢はどれを入れても文法的に正しいようにできていますので、空欄の前後だけを見て選ぼうとしてもうまくいきません。まずは文章全体の論理展開をよく理解しましょう。そのうえで空欄の前後をよく読み、自然な流れとなる語句を選択肢のなかから選びます。

この問題の全体の得点率は77%で、例年よりやや高い数字でした。それでは、各設問を見ていきましょう。

(1) まず第1文と第2文で、第70回ミス・ユニバースが最近イスラエルで開催されたこと、40年ぶりにモロッコが代表を派遣したという趣旨が述べられています。第3文に空欄があり、「22歳のKawtarがモロッコの代表になったが、その選出はある種のモロッコ人たちを（　1　）」といった意味に理解できます。選択肢は①「（彼らを）満足させた」、②「（彼らの）気に入らなかった」、③「（彼らを）驚かさなかった」という内容です。いずれの選択肢の動詞も直説法大過去になっています。ここまで読んできた内容だけでは判断できませんので本文の先まで見ると、ミス・モロッコの発言が引用されたあとに、第2段落冒頭で「この発言は激しい議論を引き起こした」と述べられていますから、この女性が選ばれたことに不満を感じた人たちがいたことがわかります。その状況に合致するのは②です。得点率は66%でした。空欄をふくむ文だけではなく、前後をよく読んで判断しましょう。

(2) 最初の空欄をふくむ文につづく文に第2の空欄があり、その文は「ミス・モロッコを選ぶ決勝大会で優勝したとき、このブルネットの美女は実際、（　2　）を話した」という内容です。選択肢は①「彼女のじょうずな仕立て」、②「彼女がアルジェリア出身であること」、③「彼女の毎日の仕事」という意味です。「実際」と訳せるen effetは、先行する文の内容を肯定してさらに説明をくわえる機能がありますから、前文の内容を考慮し、さらに本文の先を読むと、Kawtarは彼女の祖母がアルジェリアの戦争を逃れてきたと語っており、第2段落第2文では彼女が生粋のモロッコ人ではないことを非難する人たちが大勢いたと述べられていますから、この女性の出身が問題になっているとわかります。そうすると②が正解だと判断するのはむずかしくないでしょう。得点率は83%でした。

『ラルースやさしい仏仏辞典 Niveau 1』の en effet の項を参照し、例文（« Je t'ai vu hier à côté de la poste. — En effet, je suis allé y porter un paquet. » « Il m'est impossible de partir en Espagne : en effet, on m'a volé tous mes papiers. » など）と解説を熟読し、その用法が身についているか確認することをおすすめします。この機会に『ラルースやさしい仏仏辞典 Niveau 1』の origine の項も参照するとよいでしょう。この単語の日本語訳を知っているだけでは正確に使うことはできません。実際に使う場合には構文が身についている必要がありますから、例文（« On voit bien que tu viens d'un milieu riche ! Tu ne peux pas cacher tes origines. » « Impossible de savoir comment s'appelle celui qui est à l'origine de ce projet ! » など）をよく読んでみましょう。

(3) つづく Kawtar の発言は「私の祖母は戦時中にアルジェリアを逃れてきましたが、モロッコに来たときにはお金はあまりありませんでした。裁縫ができたので、それを生活の手段にしました。祖母には幸運なことでした。その仕事が独立した暮らしをするために（　3　）」といった趣旨です。選択肢は①「不都合でした」、②「役立ちました」、③「不当ではありませんでした」です。発言の内容が理解できていれば、裁縫ができて幸運だったと言っているわけですから、②が正解だと判断するのは容易でしょう。得点率は81％でした。

(4) 第2段落の最初の2文では、すでに見たようにミス・モロッコの発言が激しい議論を引き起こしたことが述べられ、Kawtar が生粋のモロッコ人でないと大勢の人が非難し、ミス・モロッコの資格を剥奪するよう彼らは主催者に要求したといった内容が語られています。つづく文の冒頭に第4の空欄があり、「（　4　）、この若い女性はモロッコ代表の資格をもちつづけ、国際大会に参加した」という意味だと理解できるでしょう。選択肢は①「このモロッコ人たちの怒りゆえに」、②「この人たちの抗議のおかげで」、③「この人たちの反対にもかかわらず」という意味ですから、代表資格を剥奪しろという人たちの反対があったとはいえ Kawtar がミス・モロッコの座を守りつづけたという文意に合うのは③です。得点率は77％でした。

(5) 最後の3文では Kawtar のイスラエル滞在が述べられています。それが彼女にとってこの国を発見する機会であったこと、町ごとに雰囲気がことなることに気づいたことが語られたあとの最終文に第5の空欄があり、「彼女の目から見て、この国は（　5　）あった」といった趣旨だと理解できます。選択肢は①「信じられないくらい変化に富んでいる」、②「あまり多様ではない」、③「住所変更」といった意味ですから、文脈から判断して①が正解とわかるでしょう。得点率は77%でした。

『ラルースやさしい仏仏辞典 Niveau 1』の variable と varié の項を参照し、それぞれの例文（« Cette année, les récoltes sont variables selon les régions : bonnes dans le Nord, mauvaises dans le Sud. » « Tes plaisanteries ne sont pas très variées, tu as déjà fait la même hier ! » など）だけでなく、説明も熟読して同義語と反意語にも注目しておくとよいでしょう。

解答　(1) ②　(2) ②　(3) ②　(4) ③　(5) ①

5　**解説**　対話形式の長文に5つの空欄が設けられており、それぞれに適合する文を7つの選択肢から選ぶ問題です。近年の傾向としては、ジャーナリストによるインタビュー形式の出題が多く、今回もそのような問題でした。インタビューの相手は数学オリンピックに参加する高校生 Lydie です。

この問題にとりかかるにあたっては、対話文を読む前に、まず7つの選択肢にざっと目を通すのがよいでしょう。どのような質問があるのかをあらかじめ頭に入れてから、対話文を読み始めます。解答に際しては、応答の文意はもちろんですが、応答の形式に十分な注意をはらうことが大切です。oui か non、あるいはそれに近い表現であるか、または特定の情報（原因、時間、期間、場所など）をあたえるものであるかによって、選択肢をしぼり込むことができるでしょう。

問題全体の得点率は例年よりやや高く83%でした。それでは、各設問をくわしく見ていきましょう。

(1)　ジャーナリストの発言の最初の1文から、Lydie が Lyon で開催される世界数学オリンピックに参加することがわかります。最初の空欄がそれにつづく文で、それに対する Lydie の返答は「とんでもありません。この行事が始まるのが待ち遠しいです」といった内容です。現在の Lydie の心境を尋ねた質問だったのだろうと推測できます。Oui か Non で答えるような質問で、内容が合うものを選択肢のなかからさがすと、④ Êtes-vous tendue ?「あなたは緊張していますか」がふさわしいとわかるでしょう。得点率は82%でした。

『ラルースやさしい仏仏辞典 Niveau 1』の tendre の項は動詞と形容詞にわかれ、2つあります。前者のなかにこの選択肢で使われている tendu の例文が収められ、もの（状況や関係）が主語の場合と人が主語の場合が区別されています。例文（« La situation sociale est très tendue en ce moment, il y a des grèves partout. » « Avant d'aller chez le médecin, Pierre était nerveux, tendu, il avait peur. » など）を参考にして、用法が身についているか確認するとよいでしょう。

(2) つづいてジャーナリストが発した質問が第2の空欄で、それに Lydie は「いいえ。あと11人のフランス人が私といっしょに行きます。世界じゅうから全体では約350名の参加者がいます」といった趣旨の返答をしています。Lydie がフランス人として1人だけで参加するのかといった質問をしたのだろうと考えられますから、それに合うものを選択肢のなかからさがすと、⑦ Vous serez la seule Française à participer au championnat ?「あなたはその選手権に参加する唯一のフランス人なのですか」が最適とわかるでしょう。これも Oui か Non で答える形式の質問であることも確認したうえで選べたでしょうか。得点率は96%でした。

『ラルースやさしい仏仏辞典 Niveau 1』の seul の項には、un (le) seul (qui + subj., à + inf.) という構文があげられ、« Va voir Marie, elle est la seule à pouvoir te renseigner. » などの例文が載っています。その他の用法もしっかり身についているか確認することをおすすめします。

(3) 第3の空欄が次のジャーナリストの質問で、それに対して Lydie は「私はここ数年の問題を参照しました」と答えています。数学オリンピックに参加する前にどのような準備をしたのか尋ねたのだろうと想像できます。それにふさわしい文を選択肢からさがすと、③ Comment vous êtes-vous préparée ?「どのように準備をしたのですか」が合致するとわかるでしょう。得点率は66%でした。⑤ Par qui avez-vous appris l'existence de ce championnat ?「だれからこの選手権の存在を聞いたのですか」を選んだ受験者が2割強いましたが、その問いに対する答えがLydieのせりふに合致しているか確認すれば、適切ではないとわかるでしょう。

筆記試験3(3)の解説（44ページ）でも言及した項ですが、『ラルースやさしい仏仏辞典 Niveau 1』の préparer の項をこの機会に熟読し、他動詞の用法と代名動詞の用法をそれぞれ例文（« J'ai l'impression que Paul nous prépare une surprise ! » « Allez les filles, préparez-vous, on part dans cinq minutes. » など）を通して確認しておくとよいでしょう。

(4) 第4の空欄が次のジャーナリストの質問で、Lydieはそれに対して「小学校でです。幸運なことに、何人もの先生のおかげで算数が好きになりました」といった趣旨の返答をしています。いつ数学への興味をもち始めたのかと尋ねたのだろうと推測できますから、それに合う文を選択肢のなかにさがすと、① À quand remonte votre intérêt pour les maths ?「あなたの数学への関心はいつにさかのぼるのですか」がみつかるでしょう。得点率は83%でした。「いつにさかのぼるか」と尋ねる場合に、*Quand remonte*... ? ではなく À quand remonte... ? であることも確認するとよいでしょう。なお、現在のフランスで l'école élémentaire は6歳から11歳の生徒を対象とする学校を指します。

『ラルースやさしい仏仏辞典 Niveau 1』の remonter の項には他動詞の用法と自動詞の用法があげられ、多様な意味をもつことが例文を通して理解できるようになっています。この選択肢で使われているのと同じ用法（例文は « Cette histoire remonte au temps où nous étions encore étudiants. » など）以外に、remonter le moral à qqn という構文もあげられています（例文は « Il était triste. J'ai essayé de lui remonter le moral. »）。自分でも使いこなせるか、同じ文を作ることができるかためしてみるとよいでしょう。

(5) Lydieは最後の発言で、「以前は建築家になることを夢見ていました。でも今はむしろエンジニアになりたいです」と述べています。将来何になりたいかを第5の空欄でジャーナリストは質問したのだろうと想像できます。それに合う文は選択肢のなかで⑥ Que voulez-vous faire plus tard ?「いずれ何をしたいですか」であると判断するのはさほどむずかしくないでしょう。得点率は90%でした。

解答　(1) ④　(2) ⑦　(3) ③　(4) ①　(5) ⑥

6

解説　長文の内容一致問題です。あたえられた 7 つの短文が問題文の内容に一致しているか否かを判断します。まずは問題文全体を通してよく読み、内容を十分に理解するよう努めましょう。そのうえで、短文に目を通していきましょう。そしてそれぞれの短文に関係する箇所を問題文中にさがし出して、ていねいに読みなおしながら正誤の判断をしましょう。2 級の場合は、(1) から (7) の短文はだいたい問題文の流れに沿ってならべられています。ただし、問題文の複数の箇所を組み合わせて判断しないと答えられないものもありますので、注意しましょう。

問題全体の得点率は例年より低く 74％でした。それでは、短文をひとつひとつ見ていきましょう。

(1) Les scientifiques ont peu travaillé sur les rapports entre la durée du sommeil et la santé.「科学者たちは睡眠時間と体調の関係についてあまり研究してこなかった」という内容です。本文第 1 段落の第 1 文と第 2 文で「眠りすぎることも十分に眠らないことも健康にはよくない。この問題を科学者たちはおおいに調べてきた」と述べられています。したがって短文の内容は本文に反しています。得点率は 82％でした。

『ラルースやさしい仏仏辞典 Niveau 1』で短文で用いられている peu の項を参照し、そこにあげられている多様な例文（« On s'est manqué de peu, l'autre jour : vous veniez juste de partir quand je suis arrivé ! » など）を熟読し、自分でも作れるかどうかためしてみるとよいでしょう。

(2) Les spécialistes sont d'accord sur l'effet de la sieste sur la santé.「昼寝が体調におよぼす影響に関して、専門家たちの意見は一致している」という内容です。本文第 1 段落の第 3 文と第 4 文で「われわれのなかのある数の人たちが午後にする習慣がある昼寝についてはどうだろうか。その点に関して、意見は分かれている」と述べられています。したがって、短文の内容は本文と正反対です。得点率は 80％でした。

本文で使われている qu'en est-il de qch ? は「～についてはどうだろうか」という意味で、非人称表現 il en est ... de qch ou qqn「（人・ものについて）事情は～である」（たとえば « Il en est de même de son salaire. »）を疑問形にしたものです。

(3) Le nombre de personnes qu'examine l'étude de la BHA dépasse les 2 000.「BHAの研究が調査した人の数は2000を超えている」という趣旨です。本文第2段落最初の文で「British Heart Associationが実施した研究は、3000人ほどの健康状態に関する情報にもとづいている」と述べられています。したがって調査対象の人数は2000人を超えていますから、短文は本文の内容と一致していることは容易にわかるはずですが、文意を正確に理解しなかった受験者が多く、得点率は32%でした。

本文で用いられている動詞baserの項を『やさしいラルース仏仏辞典Niveau 1』でひくと、他動詞としての用法（例文は « Sur quoi bases-tu tous tes calculs ? »）、受動態の用法（例文は « Votre explication n'est basée sur aucun fait réel. »）とこの本文で使われている代名動詞の用法（例文は « Sur quoi se base-t-il pour dire cela ? »）があげられています。解説も熟読すると同義表現も身につけることができるでしょう。

(4) Selon l'étude de la BHA, faire la sieste peut avoir un effet négatif sur la santé.「BHAの研究によれば、昼寝をすることは体調に悪影響をあたえることがある」という内容です。本文第2段落第2文で「その研究によると、昼間眠らない人たちとくらべて、昼寝をする人たちは心臓血管の問題を引き起こす危険が多い」と述べられています。昼寝が健康をそこなう可能性が指摘されているわけですから、短文は本文の内容に一致しています。得点率は88%でした。

『やさしいラルース仏仏辞典Niveau I』のeffetの項を参照すると、2つの意味が区別され、それぞれの説明のなかに関連する単語としてaction、conséquence、efficace、inefficace、sans résultat、sans suite、impressionなどがあげられています。これらの単語との関係に注目することで、たとえば例文 « L'effet du médicament commence à se faire sentir, j'ai moins mal. » と « Mais oui, ma nouvelle robe a fait de l'effet ; tout le monde m'a félicitée. » を正確に理解し、自分でも同じ文を作ったり書きかえたりできるようになるでしょう。

(5) Selon l'étude de la BHA, le risque d'avoir une maladie cardiovasculaire

est indépendant de la durée du sommeil la nuit.「BHAの研究によれば、心臓血管の病気になる危険は夜間の睡眠時間とは関係がない」という内容です。本文第2段落の第3文で「この可能性（心臓血管の問題を引き起こす可能性）は、夜の睡眠時間が7時間より少なく、昼寝の時間が30分を超える人たちに関してもっとも高くなる」と述べられています。したがって夜間の睡眠時間もこの件に関連があるわけですから、短文の内容は本文に一致しません。得点率は79％でした。

形容詞 indépendant の項を『やさしいラルース仏仏辞典 Niveau 1』でひくと、2つの意味が区別され、それぞれの同意表現がことなっています（一方が être libre、avoir sa liberté、他方が séparé）。書きかえる際にどうすればよいかのヒントになりますから、例文（« Si tu veux être indépendant, commence d'abord par gagner ta vie. » « Aline a une chambre indépendante de l'appartement de ses parents avec une porte d'entrée particulière. » など）と解説を熟読することをおすすめします。

(6) Pauline Lesson n'approuve pas tout à fait les conclusions de l'étude de la BHA.「Pauline Lesson はBHAの研究の結論に全面的に賛成はしていない」という内容です。本文第3段落の第2文で「Dijon大学教授 Pauline Lesson は、これらの（BHAの研究の）結果に対して慎重な態度をとっている」と述べられ、その次に、「その結果は偶然によるのかもしれません。なぜある人が昼寝を多くするのか、なぜその人が心臓血管の病気になる危険が多いのかを説明するのに、健康状態に関する別の問題がありうるでしょう」といった趣旨の教授の発言が引用されています。したがって短文の内容は本文に一致します。得点率は76％でした。

名詞 problème はよく知っていると思っているかもしれませんが、2種類の構文があり、problème de＋無冠詞名詞が「～にかかわる問題」を意味し、problème de＋定冠詞＋名詞が「～が提起する問題」を意味するという点は身についているでしょうか。十分に意識してこなかった場合には、今後目にふれたり耳にしたりする文章で気をつけてみるとよいでしょう。

(7) Aujourd'hui, on est capable d'expliquer de manière scientifique l'influence de la sieste sur la santé du cœur.「現在では心臓の健康状態に対する昼寝の影響は科学的に説明することができる」という内容です。本文の最後で「実

際、昼寝と心臓血管の病気の間にありうるそういった関係を証明する科学的な分析は現在までまだひとつも実現していない」と述べられていますから、短文の内容は本文に一致していません。得点率は85%でした。

解答 (1) ② (2) ② (3) ① (4) ① (5) ② (6) ①
(7) ②

7 **解説** 対話文に設けられた5つの空欄について、それぞれ4つの選択肢から適切なものを1つ選ぶ問題です。筆記試験5も対話文の空欄補充問題ですが、質問文のみを尋ねるものでした。こちらの7では、やりとりのなかの文や文の一部が問われます。対話は日常的な口語体のもので、問われる表現も日常生活でよく使われる短めの慣用表現が多くなっています。この問題に対処するためには、ふだんからフランス語の授業やさまざまなメディアを通して日常会話にふれる機会を積極的につくり、フランス語らしい応答の仕方に注意するようにしましょう。また、この問題で問われる表現はある程度きまっているので、過去問によく目を通しておくのも有効です。

今回、この問題全体の得点率は例年より低く、63%でした。冒頭に「長旅のあと、あるホテルの部屋に着いたところで」という指示がありますから、その場面を想像しつつ、各設問をくわしく見ていきましょう。

(1)「見てくれ、Jeanne。スーツケースに入っていた背広がしわだらけだぞ！」というHenriに、Jeanneが「(　1　) 何が問題なの？」と答えています。Henriは大変だと騒いでいるのにJeanneは冷静な様子であることがわかるでしょう。最初の空欄に何が入るでしょうか。選択肢① Comment faire ?「どうしよう？」、② Enchantée !「はじめまして」、③ Et alors ?「それで？」、④ Que prends-tu ?「何を食べる（選ぶ）？」のそれぞれの意味とニュアンスが理解できれば、ふさわしいのは③であることはすぐにわかるでしょう。得点率は81%でした。

(2)「きれいではないし」と始めるHenriのせりふの続き「それは（　2　）だ」に第2の空欄があり、「お前が荷物を急いで作ったからだぞ」と言っています。それに対してJeanneは「不満なら自分で荷物を作りなさいよ。それはいつも言っていることですけど」と答えています。選択肢① de ta faute

「お前のせい」、② drôle「おもしろい」、③ le mien「私のもの」、④ trop cher「高すぎる」のなかで、Henri の言い分としてふさわしいのが①であり、その他は文脈に合わないことは容易にわかるでしょう。得点率は 70%でした。

『やさしいラルース仏仏辞典 Niveau 1』の faute の項をひき、この問いで使われているのと同じ表現（« Ce n'est pas de sa faute si Pierre n'a pas compris, tu ne lui as pas bien expliqué. »）以外に、sans faute、faute de qqch、faute de mieux といった言い回しもしっかり身についているか、例文（« Faute de mieux, allons toujours au cinéma, ça nous fera passer le temps. » など）と解説を熟読するとよいでしょう。本文で使われている d'ailleurs も ailleurs の項で用法を確認しておきましょう。

(3)　Henri はさらに文句があり、「それに困るのは、このネクタイがワイシャツと（　3　）」とつづけています。それに対して Jeanne が第 4 の空欄のあとで「そのワイシャツはくたびれているわね、新しいのを買わなくちゃ」と答えていることも考慮にいれて選択肢を見ると、① disparaît「なくなっている」、② est idéale「理想的だ」、③ ne va pas du tout「まったく合っていない」、④ vient tout de suite「すぐに来る」といった意味に理解できますから、最適なのは③です。得点率は 70%でした。

(4)　すでに(3)で見たように Jeanne が「（　4　）、そのワイシャツはくたびれているわね、新しいのを買わなくちゃ」と話している部分に第 4 の空欄があります。選択肢① Au moins「最小限」、② C'est rapide「速いわね」、③ De toute façon「いずれにせよ」、④ Heureusement「運よく」のそれぞれの表現の意味とニュアンスが理解できていれば、「ネクタイにワイシャツが合っていないという件はともかく」といった Jeanne のせりふの文脈に合うのは③であると判断するのはむずかしくはないはずです。得点率は 56%でした。

Au moins を選択した 3 割近くの受験者は、この副詞句の意味をしっかり理解していないのでしょうか。『ラルースやさしい仏仏辞典 Niveau 1』の moins の項を参照し、さまざまな用法を例文（« Un appartement comme ça, ça vaut au moins cinq cent mille francs. » など）を通して確認しておきましょう。選択肢で使われている au moins は基本的な意味が「最小限」（au minimum と同義）であり、数量表現あるいは数量の観念がふくまれる文脈

で使われることも把握しておくとよいでしょう。

(5) 「新しいワイシャツを買わなくちゃ」とJeanneに言われたHenriが「出かけられないよ。メガネがみつからないんだ」と答えるのに対してJeanneが最後に「(　5　)メガネならあなたかけているわよ！」と笑って言います。メガネがみつからないのはHenriがかけていることに気づいていないからだという場面が想像できれば、選択肢① C'est l'heure「時間よ」、② C'est normal「当然よ」、③ Je vais mieux「体調はよくなったわ」、④ N'importe comment「どうやっても」のなかで文脈に合うのは②だとわかります。得点率は38%でした。

N'importe comment を選んだ受験者が半数以上いましたから、この表現の用法を再確認するよい機会でしょう。『ラルースやさしい仏仏辞典 Niveau 1』のn'importeの項は2つに分かれ、前者でn'importe où, n'importe quand, n'importe commentが、後者でn'importe qui, n'importe quoi, n'importe quel + n.が例文を通して理解できるように作られています。説明も熟読すると« Il travaille vraiment n'importe comment ! »と« Dépêche-toi ! — Ce n'est plus la peine, n'importe comment, on est en retard. »のそれぞれで使われているn'importe commentの意味のちがいがわかるでしょう。

解答　(1) ③　(2) ①　(3) ③　(4) ③　(5) ②

書き取り・聞き取り試験

解説・解答

書き取り試験

解説 書き取りは、単に「音」の聞き取り能力をためすためだけの試験ではありません。さまざまな要素から、「音」としては聞こえていない部分もくみ取って適切なフランス語の文を組み立てるという、総合的なフランス語の能力をはかる試験です。もちろん、読まれた音を正しく聞き取る能力と、聞こえてきた単語を知っているという単語力は必須です。そのうえで、単語を知っているだけでなく、正確なつづりで書くことができなければなりません。フランス語では、1つの単語のように聞こえる音がエリジヨンやリエゾンによって結びついた2つの単語であることもしばしばです。日ごろから教材の音源を聞いたり音読練習をしたりして、つづりと発音の関係に注意をおこたらないようにしましょう。ただし、気をつけるべきことはそれだけではありません。フランス語には、動詞の活用や過去分詞、形容詞などで、発音は同じでも形がちがうものが多々あります。動詞を正しく活用するには、主語の人称にくわえ、その文章の文脈でどのような叙法が要求されているのかを理解する必要があります。形容詞や受動態および複合時制の文における過去分詞に関しては、それぞれがどの名詞・代名詞と結びついているのかが把握できなければ性数一致はおこなえません。複合時制で直接目的語が動詞より前に出ている場合の過去分詞の性数一致も注意すべき重要なポイントです。直接目的語は代名詞でうけている場合も多いので、代名詞が何を指しているのかはつねに確認しておく必要があります。こういった統語上の知識を身につけておくことが、結局は、書き取りでもおおいに役立つことになります。

　こうした統語上の問題は、文章全体の展開を前もって把握しておくと、はるかに判断しやすいものです。試験では、問題文は全部で4回読まれます。問題文がふつうのスピードで読まれる1回目と2回目はキーワードをメモする程度におさえ、文章全体の流れを理解することに努めましょう。この段階で最初から書き取ろうとすると、書いている間に問題文を聞き逃がしてしまうおそれがあります。3回目には、句読点もふくめてゆっくり読み上げられます。このときに 1 語 1 語しっかり書き取ってください。最後に、もう 1 回ふつうのスピードで読まれます。このときは自分が書き取った文章にまちがいがないか、語末などの細部にもよく耳を澄ませてください。そのあと 3 分間時間があたえられます。この時間に自分の書き取った文章を読みなおし、「音」だけでは判断できない事項、つまり前述の統語上の諸事項について隅々までチェックするようにしましょう。文意に沿った叙法が選択できているかどうか、従属節のなかは適切な叙法になっているかどうか、受動態および複合時制の過去分詞や形容詞は主語の人称や直接目的語に合った性数一致ができているかどうか、などのチェックによって、自分の書き取った文章が文法的な誤りのない適切なフランス語であることを確認しましょう。

例年、全体として気になるのは、基本的な単語のつづりが正確に書けていないことです。書く練習をせずにつづりがあやふやなまま単語を覚えている受験者が多いことを実感します。単語として存在しないつづりを耳に頼って書き取ったものも多く見られます。また過去分詞などの性数一致ができておらず、統語上の理解が十分でない受験者が多いことがわかります。そしてアクサン記号をあいまいに記した答案がめだちます。採点者にきちんとわかってもらえるように、その傾斜の向きや形は明瞭に書きましょう。

今回はカバンをなくした Juliette の話です。得点率は例年よりも低く 28% でした。それでは 1 文ずつ順を追って見ていきましょう。

第 1 文の冒頭の Hier matin のつづりは正しく書けたでしょうか。この副詞句があることで全体が過去の話であることがわかります。今回の書き取りでは過去形のつづりを正しく書くことが要求されていると想像できるでしょう。

第 1 文の動詞は a perdu です。perdre の過去分詞 perdu は正確に書けたでしょうか。主語が女性だからと *perdue* にした答案がありましたが、他動詞の過去分詞は主語に性数一致はしません。基本的な文法知識があやふやな場合には参考書などで再確認するとよいでしょう。

第 2 文では最初に Elle l’aimait とありますが、直接目的の人称代名詞 l’ はきちんと書けましたか。代名詞を省略した答案が少なからずありました。また、動詞が直説法半過去形 3 人称単数 aimait であることはとっさに理解できたでしょうか。直説法現在形 *aime* を書いた受験者が散見しました。動詞の語尾の発音がきちんと身についていない受験者は、Je t’aime ! と言われた場合と Je t’aimais... と言われた場合がどれほどちがうか、場面をよく想像してみましょう。

第2文の後半にも人称代名詞が問題になる箇所があります。関係代名詞 qui につづいて、le lui avait donné と読まれる箇所です。le を省略した答案が半数近くありました。3人称単数の直接目的と間接目的の人称代名詞が並ぶと聞き取りにくいかもしれませんが、「そのカバンを彼女に」という文意を考えつつ注意して聞けばわかるはずです。

同じ箇所で直説法大過去形3人称単数 avait donné も、助動詞のつづりをまちがえたり、過去分詞を女性形にしたりした答案が散見しました。Juliette の祖母が彼女にカバンをくれたのだという文意をもとにつづりを念入りに見なおす必要があります。

第3文の最初にある副詞句 De plus は問題なく書けたでしょうか。「さらに」の意味でよく使われる de plus は知っているでしょうが、筆記試験7の会話に出てきた en plus とのちがいは意識しているでしょうか。漠然とした感覚しかない場合には、『ラルースやさしい仏仏辞典 Niveau 1』の plus の項を参照し、その解説で de plus が langue soutenue であり、en plus が langue courante であると指摘されていることに注目するとよいでしょう。

同じ第3文にある動詞 contenait が contenir の直説法半過去形3人称単数であることは理解できているでしょうか。聞き取りでは *tenait* と混同しかねませんので、よく注意して聞く必要があるでしょう。

同じ文の後半にある過去分詞 empruntés には苦労した受験者が多かったようです。直前の名詞 romans にかかるわけですから、男性形複数にしなくてはいけません。男性形単数 *emprunté* を書いたり、不定法 *emprunter* を書いたりした答案のほか、emprunter という動詞が使われていることを認識できなかったと思われる答案がめだちました。「図書館で借りた小説数冊」の意味になるように正確に書きましょう。

第3文の最後の単語 bibliothèque では、つづりを正確に書けずに *biblioteque*、*bibliotheque*、*bibliotéque*、*bibliothéque* などを書いた受験者が少なくありませんでした。アクサンの向きをまちがえた場合には、accent grave がどういう場合に使われるかを参考書で再確認するとよいでしょう。

第4文には動詞が2つ登場しています。いずれも場所の移動を表わす自動詞ですから、直説法複合過去形 est retournée と直説法大過去形 était allée を書くべきところです。助動詞をまちがえたり、過去分詞を女性形にしなかったりした答案が散見しました。

この文で使われているretournerの用法は正確に説明できるでしょうか。『ラルースやさしい仏仏辞典 Niveau 1』のretournerの項を参照すると、例文« Si tu es encore malade demain, retourne chez le médecin. »によって「（1度行った場所に）もう1度行く」の意味で使われることが理解できるでしょう。

同じ第4文にあるsans succèsに関しては、前置詞sansを所有形容詞*son*だと思った受験者が少なくありませんでしたし、アクサンを忘れたり、向きをまちがえたりした答案が散見しました。ふだんからなるべく手で書いて覚えないとつづりはまちがえてしまうものです。

同じ文にあるaux endroits oùの部分も正確に書けなかった受験者がいました。単数形*endroit*を書いた受験者がいましたが、リエゾンを聞き取ることができればここで名詞が複数形で使われていることは理解できるはずです。

第5文は長いですが、落ちついて構文を把握すればむずかしくはないはずです。冒頭のMaisのあとにある前置詞versは問題なく書けたでしょうか。あわてて*ver*や*verre*などと書かないように気をつけましょう。

同じ文の中心部にあたるon lui a téléphonéもさほど困難はないはずですが、うっかりして人称代名詞luiを忘れたり、過去分詞のつづりをまちがえた答案が散見しました。

第5文の後半にある代名動詞se trouvaitが直説法半過去形3人称単数であることも、聞き取ってすぐにわかる必要があります。再帰代名詞を省略してしまったり、trouvaitのつづりをまちがえて*trouver*、*trouve*などと書いたりした受験者がいました。

同じ文の最後にあるau commissariat de policeはなじみがない受験者もいたようで、ほとんどの答案でつづりが正確に書けていませんでした。旅行などでフランス語圏に滞在する場合には必要になる可能性がある名詞句ですから、この機会によく覚えておくとよいでしょう。

『ラルースやさしい仏仏辞典 Niveau 1』のcommissariatの項の解説を読むと、関連する表現préfecture de policeとposte de policeもいっしょに理解することができます。

第6文ではElle s'y est rendueに苦労した受験者が少なくありませんでした。中性代名詞yが再帰代名詞seのあとに入っていることがわからずに*si* estと書いたり、過去分詞を男性形*rendu*としたりした答案が多く見られました。代名動詞se rendreがどう使われるか確認したうえで動詞の活用を手で書いて練習するとよいでしょう。

解答　（読まれる文）　Hier matin, Juliette a perdu son sac. Elle l'aimait beaucoup parce que c'est sa grand-mère qui le lui avait donné. De plus, il contenait des romans empruntés à la bibliothèque. Juliette est retournée sans succès aux endroits où elle était allée. Mais vers la fin de l'après-midi, on lui a téléphoné pour lui dire que son sac se trouvait au commissariat de police. Elle s'y est rendue tout de suite.

聞き取り試験

1

（読まれるテキスト）

Aurélien : Je suis désolé, Louise, j'ai oublié de réserver l'hôtel.

Louise : Qu'est-ce qu'on fait, alors ? On va dans un autre ?

Aurélien : Malheureusement, tous les hôtels de la ville sont complets. J'ai vérifié.

Louise : Et si on cherchait ailleurs ?

Aurélien : J'ai une autre idée : je te propose de faire du camping. J'ai une tente. Elle est assez vieille, mais toujours solide.

Louise : Hmm... Ça ne me dit rien. Je déteste les insectes. J'ai fait du camping une fois avec mon père, et il y avait des mouches énormes.

Aurélien : C'est vrai qu'il doit y en avoir pas mal en cette saison...

Louise : Dans ce cas-là, on peut aller visiter une région différente.

Aurélien : Si tu veux. Mais je trouve vraiment que le camping est une bonne idée.

Louise : Bon. Si tu insistes, on installe la tente sur la terrasse. Comme ça, je pourrai retourner dans ma chambre quand je voudrai !

(読まれる質問)

un : Pourquoi Aurélien s'excuse-t-il ?
deux : Pourquoi Aurélien est-il embêté ?
trois : La tente d'Aurélien, elle est comment ?
quatre : Qu'est-ce que Louise a vu quand elle a fait du camping avec son père ?
cinq : Où est-ce que Louise propose de mettre la tente ?

解 説 対話を聞いたあと、それについての 5 つの質問を聞き、それに対する答えを完成させる問題です。あらかじめ問題冊子に印刷されている答えの文を読んでおくと、聞き取るべきポイントをある程度予測することができるでしょう。

対話は全部で 3 回読まれます。1 回目に読まれる際には、全体の流れを把握することに努めましょう。次に質問が読まれますので、質問の内容をよく把握し、2 回目に対話を聞くときにはポイントをおさえながら聞きましょう。

2 回目に質問が読まれる際には、それぞれの質問文の間にポーズがおかれますので、その間に空欄をうめてください。2 級では本文で用いられた単語をそのまま書けば答えになる場合が大半ですので、落ちついて聞きましょう。ただし、構文がことなるために、本文とは活用形などを変えなければならない場合もあります。どのような形に変えれば同じ内容になるかを考えましょう。

3 回目に対話が読まれる際には、自分が記入した答えが対話の内容に即しているかどうか、質問の形式に合っているか、聞きながら念入りにチェックしてください。そのうえで、十分に見なおして、自分の答えが正しくつづられているかどうか、性数一致や動詞の活用形などに文法上の誤りがないかどうかを確認してください。

今回、この問題全体の得点率は例年より高く、56%でした。それでは、各設問をくわしく見ていきましょう。

(1) 第1の質問は「なぜ Aurélien はあやまっているのですか」という意味です。これは Aurélien の最初のセリフに対応しています。「ごめんね、Louise、あのホテルの予約を忘れてた」と言っていますから、この発言通りに、問題冊子の空欄には過去分詞 oublié を記入すれば正解です（négligé も可）。得点率は77%でした。過去分詞ではなく不定法 *oublier* を記入した答案や、つづりをまちがえた答案が散見しました。

『ラルースやさしい仏仏辞典 Niveau 1』の désolé の項と excuser の項をひくと、あやまる場合にどういう多様な表現があるかがわかります。例文（« Je suis désolé de vous avoir dérangé. » « Vous pourriez vous excuser, ça fait deux fois que vous me bousculez ! » など）と解説を熟読すると語彙をふやすのに役立つでしょう。

(2) 第2の質問「なぜ Aurélien は困っているのですか」は、Louise から「それならどうする？別のホテルにする？」と言われたのに対して Aurélien が「あいにく、あの町のホテルはどこもいっぱいなんだ。確認したよ」と答えているところに対応しています。この発言通りに、問題冊子の1つ目の空欄には ville（cité も可）を、2つ目の空欄には complets（pris、pleins も可）を書き入れれば正解です。得点率はそれぞれ90%と21%でした。ville のつづりをまちがえた答案は多くありませんでしたが、complets を複数形にしなかった受験者は少なくありませんでした。形容詞の性数一致はつい忘れがちですから、ふだんから注意する習慣をつけましょう。

『ラルースやさしい仏仏辞典 Niveau 1』の complet の項をひき、そこにあげられた例文（« Son livre ne se vend pas, c'est un échec complet ! » « L'autobus est déjà complet, on ne pourra jamais monter ! » など）と解説を熟読し、意味によってことなる同義語と反意語が載っていることを確認することをおすすめします。

(3) 第3の質問は「Aurélien のテントはどのようなものですか」というも

のです。これは、Louiseが「他の場所に行く？」と提案したのに対して、Aurélienが「別の考えがあるんだ。キャンプをしようよ。テントならあるよ、古いけれどまだ丈夫だよ」と答えている箇所に対応しています。この発言通りに、問題冊子の1つ目の空欄にvieille（ancienneも可）を、2つ目の空欄にsolide（utilisableも可）を記入すれば正解です。得点率はそれぞれ52%と71%でした。最初の空欄に書くべきvieilleのつづりをまちがえた答案が散見しました。基本単語vieux, vieil, vieilleは何度も手で書いて練習しないとつづりが正確に覚えられないでしょう。

Aurélienのセリフに登場する名詞tenteの項を『ラルースやさしい仏仏辞典Niveau 1』で参照して例文（« Les enfants, vous n'avez pas envie d'installer votre tente dans le jardin pour y dormir ce soir ? »など）と解説をよく読むと、関連する単語（abri、toile、camper、camping、piquet）もいっしょに学ぶことができます。それと同時に、同じ発音の名詞tanteも確認するとよいでしょう。

(4)　第4の質問は「父親とキャンプをしたとき、Louiseは何を見ましたか」というものです。これはキャンプをしようというAurélienの提案に対して、「気が向かないな。虫って大嫌いなのよ、私。1回父とキャンプしたけど、でっかいハエがいたんだから」とLouiseが難色を示しているところに対応しています。問題冊子の空欄には、mouchesが入ります（insectes、bêtesも可）。得点率は34%でした。ここでもつづりのミスがめだちました。

この機会に『ラルースやさしい仏仏辞典Niveau 1』のinsecteの項を参照するとよいでしょう。例文（« Il faut nettoyer les vitres de la voiture, elles sont couvertes d'insectes morts. »など）を熟読して自分でも同じ文を正確に作れるかためすだけでなく、代表的なものとして列挙されている名詞（mouche、fourmi、abeilleなど）と関連する単語（patte、aile）も身についているか確認してみましょう。

Louiseがセリフで使っているdétesterの項を『ラルースやさしい仏仏辞典Niveau 1』でひいてみることもおすすめします。日本語の「～が嫌いだ」より強い意味であることを例文（« Marie déteste passer ses week-ends en famille. »など）と解説を通して理解することができます。

(5)　第5の質問は「Louiseはテントをどこに置くことを提案していますか」

という意味です。これは、他の地方に行きましょうという Louise に対して Aurélien が「それでもいいけど、キャンプは名案だと思うんだ」と主張するので、Louise が「わかった。そこまで言うならテントはバルコニーに張るわよ。そうすれば好きなときに部屋にもどれるから」と最後に言っている箇所に対応しています。問題冊子の最初の空欄には terrasse が入り、第 2 の空欄には chambre が入ります。得点率はそれぞれ 12%と 88%でした。前者のつづりは苦労した受験者が少なくなく、*terrace*、*terrase*、*térrasse* などの誤答がありました。

『ラルースやさしい仏仏辞典 Niveau 1』の terrasse の項をひくと、2 つの意味に区別され（例文は « Comme il habite au dernier étage, il a une terrasse sur le toit de l’immeuble. » « On prend le café à la terrasse ? » など）、意味によって使われる前置詞がことなることが説明されています。この設問で sur la terrasse となっているのがどちらの意味に対応しているかわかりますか。

解答
(1) (oublié)　　(2) (ville) (complets)
(3) (vieille) (solide)　　(4) (mouches)
(5) (terrasse) (chambre)

2

(読まれるテキスト)

Cela fait huit ans que je suis professeur de géographie dans un lycée de Nantes. J’adore enseigner, mais jusqu’ici, la plupart de mes élèves trouvaient la géographie ennuyeuse. Beaucoup bavardaient ou dormaient en classe. Alors j’ai décidé d’enseigner la géographie avec des chansons.

La musique est un outil formidable. Elle permet d’apprendre tout en se faisant plaisir. En effet, quand vous chantez une chanson dans votre jeunesse, elle reste souvent dans votre mémoire. Il suffit d’utiliser ça pour apprendre la géographie.

D'abord, j'ai choisi des chansons populaires chez les jeunes. Puis, j'en ai remplacé les paroles par ce que j'enseignais dans mes cours. Lorsque j'ai chanté ces chansons pour la première fois, mes élèves ont été très étonnés, mais ils m'ont écouté avec beaucoup d'intérêt. Ensuite, ils m'ont dit qu'ils voulaient apprendre par cœur ces chansons eux-mêmes. Je les ai donc mises pour eux sur Internet. Depuis, elles plaisent non seulement à mes élèves, mais aussi à des milliers de jeunes que je n'ai jamais rencontrés !

（読まれる内容について述べた文）

un : Jules enseigne la géographie dans un lycée depuis plus de dix ans.

deux : La plupart des élèves de Jules considéraient jusqu'ici qu'il était ennuyeux d'apprendre la géographie.

trois : Tous les élèves de Jules restaient silencieux pendant ses cours.

quatre : Jules pense qu'avec la musique, on peut apprendre de nouvelles choses avec plaisir.

cinq : Selon Jules, on oublie souvent les chansons de sa jeunesse.

six : Jules a choisi des chansons peu connues pour pousser ses élèves à apprendre la géographie.

sept : Jules a changé les paroles des chansons qu'il chante en classe.

huit : La plupart des élèves de Jules ne sont pas intéressés par ses chansons.

neuf : Jules a mis ses chansons sur Internet pour que ses élèves puissent les apprendre par cœur.

dix : Les chansons de Jules plaisent même à des gens qu'il n'a jamais rencontrés.

解説 ある程度の長さの文章を聞いたあと、その内容について述べた10の短文を聞き、それぞれについて正誤を判断する問題です。最初に問題文が2回読まれます。1回目は、どんな人が語っているのか、いつ、だれが、どこで、何をしたのか、といったことに気をつけながら、全体を理解するよう努めましょう。2回目は、ポイントになりそうな場所、時間、数字などをメモしながら聞くとよいでしょう。つづいて10の短文が読まれます。それぞれについて、記憶とメモを頼りに正誤を判断してください。10の短文がもう1回読まれます。聞きまちがいがないかをチェックし、あやふやなものはこのときに確認してください。最後に、問題文がもう1回読まれます。10の短文で問題となっているポイントに注意しながらあらためてよく聞き、正誤を最終確認してください。

今回、この問題の全体の得点率は例年より高く、81%でした。Julesという先生が自分の教育経験を語っています。10の短文をそれぞれくわしく見ていきましょう。

(1) 「Julesは10年を超える前からある高校で地理を教えている」という文です。読まれるテキストの第1段落第1文で「8年前からNantesの高校で私は地理を教えています」とJulesは述べていますから、短文はテキストの内容に一致しません。得点率は93%でした。

(2) 「Julesの生徒の大半は地理を学ぶことが退屈だとこれまで思っていた」という文です。テキストの第1段落第2文で「私は教えることが大好きですが、これまで、私の生徒の大半は地理が退屈だと思っていました」とJulesは語っています。使われている表現はちがいますが内容が同じであると判断することは容易でしょう。得点率は81%でした。

『ラルースやさしい仏仏辞典 Niveau 1』のla plupartの項をひき（pluplartではなくla plupartが見出しです）、例文（« La plupart des gens qui étaient là n'ont rien compris à ce que tu as expliqué, tu t'es mal exprimé. » など）と解説を熟読し、この表現が主語の場合に動詞が複数形になることを確認するとよいでしょう。la plupart de + n. plur. という構文で、前置詞 de につづく名詞には定冠詞がつくことにも注意が必要です。

(3)「Jules の生徒は全員、彼の授業中、黙っていた」という文です。テキストの第 1 段落第 3 文で「多くの生徒は授業中しゃべるか眠っていました」と Jules は述べています。居眠りをしている生徒は静かでしょうが、おしゃべりをする生徒はにぎやかなわけですから短文は本文の内容に一致していません。得点率は 75%でした。

『ラルースやさしい仏仏辞典 Niveau 1』の pendant の項で例文 « Nous avons roulé pendant trois heures. » を見ればわかる通り、この前置詞が時間表現をみちびいて「〜の間」という状況補語になっている場合、過去の話であれば直説法複合過去形がふつう使われます（de midi à quatre heures のように始点と終点がはっきりしている場合と同じです）。この設問の場合には過去の習慣を表わしているため、直説法半過去形が使われています。このように、動詞の時制と状況補語の関係に注目しておくと自分で文章を作る場合に役立ちます。

(4)「音楽を使えば新しいことを楽しく学べると Jules は考えている」という文です。テキストの第 2 段落第 1 文と第 2 文で「音楽はすばらしい道具です。それによって楽しみながら学べるのです」と Jules は語っています。したがって、短文はテキストの内容に一致します。得点率は 90%でした。

『ラルースやさしい仏仏辞典 Niveau 1』の plaisir の項には、多様な表現が例文（« Oh ! Quelle bonne idée ! Ton cadeau me fait très plaisir, merci ! » など）と解説とともに載っています。それらが身についているか、ニュアンスのちがい（faire à qqn le plaisir de + inf. が場合によって une forme d'ordre atténué ou autoritaire になるなど）がわかっているか、自分でも同じ文を作ることができるか確認するとよいでしょう。

(5)「Jules によれば、若いころの歌はよく忘れるものだ」という文です。テキストの第 2 段落第 3 文で「実際、若いときにある歌を歌うと、その歌は記憶に残っているものです」と Jules は語っています。したがって短文はテキストの内容に一致していません。得点率は65%でした。テキストと短文の表現がことなると正確に理解できなくなる受験者がいるようです。

主語人称代名詞 vous は特定の相手に対して「あなた」「あなた方」の意味で使う場合以外に、不特定の主語として人間一般を指す場合があります。テキストのこの第2段落第3文では後者の用法であることは理解できているでしょうか。

(6) 「生徒たちに地理を勉強させるため、Jules はあまり知られていない歌を選んだ」という文です。テキスト第3段落第1文で「まず、若者たちの間で人気のある曲を私は選びました」と Jules は述べていますから、よく知られた曲を選んだことがわかります。したがって短文はテキストの内容に一致していません。得点率は61%でした。

(7) 「Jules は、彼がクラスで歌う歌の歌詞を変えた」という文です。テキスト第3段落第2文で「それから、その歌の歌詞を、授業で教える事柄に書きかえました」と Jules は語っていますから、人気のある曲の歌詞を教科の内容に合わせて書きかえたことがわかります。表現はことなっても同じことを言っていますから、短文はテキストの内容に一致しています。得点率は76%でした。

『ラルースやさしい仏仏辞典 Niveau 1』の changer の項を見ると、さまざまな用法のなかで、changer qqch (concret) の構文と changer de qqch の構文が例文（« Va chercher le gâteau pendant que je change les assiettes. » « J'ai changé d'avis, je ne pars plus avec vous. » など）とともに載っています。両者のちがいは理解できているでしょうか。『プログレッシブ仏和辞典』の changer の項でくわしく説明されているように、前者は changer A pour (ou contre) B の形で使われることが多く、「A が駄目だから B にする」という発想が根底にあるので、直接目的語だけでも同じように理解できます。後者は前置詞 de にみちびかれる名詞に冠詞はつかず、pour (ou contre) B のような補語とともには使わないという特徴があり、あるものをやめて、それよりよい、同じ種類の別のものにするという意味で使われます。単に日本語の「変える」に対応する単語として changer を覚えているだけでは、正確に使いこなすことはできません。ふだんからこの動詞がどう使われているか注意していると、使い分けが身につくことでしょう。

(8)「Julesの生徒たちの大半は彼の歌に興味をもっていない」という文です。テキストの第3段落第3文で「最初にそういった歌を歌ったとき、生徒たちはとても驚きましたが、おおいに興味をもって聞きました」とJulesは語っています。したがって短文はテキストの内容に一致しません。得点率は90%でした。

『ラルースやさしい仏仏辞典 Niveau 1』のintéresserの項にはさまざまな例文（« Je m'en vais, vos histoires ne m'intéressent pas. » « Je vends ma voiture, ça t'intéresse ? Ce n'est pas très cher. » など）とくわしい説明が載っています。この動詞のつづりにも気をつけながら、自分でも使いこなせるか、同じ文を作れるか、ためしてみるとよいでしょう。同様にintérêtの項も熟読する価値はあります。例文（« Je te le dis dans ton propre intérêt : fais attention à ce que tu racontes devant Pierre, il répète tout. » など）だけでなく説明も読むと、同義語と反意語が多数載っており、語彙をふやすことができます。

(9)「Julesは彼の歌をインターネットにアップし、生徒たちが覚えられるようにした」という文です。テキスト第3段落第4文と第5文で「それから、生徒たちはそれらの歌を覚えたいと言ってきました。そこで、彼らのためにインターネットにアップしました」とJulesは語っています。したがって短文はテキストの内容に一致します。得点率は90%でした。

(10)「Julesの歌は、彼が1度も会ったことがない人たちにさえ好まれている」という文です。テキストの最後の文で「それ以来、その歌は私の生徒たちに好まれているだけでなく、1度も会ったことがない何千もの若者たちにも好まれています」とJulesは述べています。したがって短文はテキストの内容に一致します。得点率は83%でした。

『ラルースやさしい仏仏辞典 Niveau 1』のplaireの項をひくと、テキストでも短文でも使われているplaire à qqnの構文（例文は« Catherine ne fait que ce qui lui plaît, que ce dont elle a envie ! » など）以外に、se plaire quelque partという代名動詞の用法が例文（« Je me plais beaucoup dans ma maison de campagne et j'y vais chaque fois que je peux. »）とともにあげられています。その他の構文もふくめ、熟読して用法が身についているか確認してみましょう。

解答　(1) ②　(2) ①　(3) ②　(4) ①　(5) ②
(6) ②　(7) ①　(8) ②　(9) ①　(10) ①

1 次試験配点表

筆記試験	1	2	3	4	5	6	7	小計	書き取り	小計	聞き取り	1	2	小計	合計
	4点	10	10	10	10	14	10	68		14		8	10	18	100

2 次 試 験

解 説

面接試験は、フランス語を第1言語とする委員と日本語を第1言語とする委員が1組になっておこないます。試験時間は約5分です。明るくBonjour !とあいさつしながら入室しましょう。面接委員が受験者の名前を確認したあと、あらかじめ用意された質問のなかから受験者に適当と思われるものを選んで質問します。それを糸口にして会話が始まります。

面接試験では、日常生活と関連のある話題について、基本的なフランス語表現を使ってコミュニケーションをすることができるかどうかが問われます。したがって、リラックスして会話を楽しもうという姿勢がなによりも大切です。どんな質問をされても、日本語で会話をするときと同じように、自分の答えやすい形で答え、さらに、自分の話したいことを付け加えていけば、面接委員との間に自然な会話が進んでいきます。

質問がよく聞き取れなかったり、質問の意味がよくわからなかったりした場合も、あわてることはありません。率直に、Je ne comprends pas très bien votre question. Vous pouvez répéter, s'il vous plaît ? などと伝えましょう。そうすれば、面接委員は、同じ質問をゆっくりと繰り返したり、わかりやすく言いかえたりしてくれるはずです。

質問に答える際には、問われた部分に単語1語だけで答えるのは避けるべきです。今回出題された質問から例をあげれば、Faites-vous du vélo ? と尋ねられて、Oui. または Non. とだけ答えて終わりにしないことです。答えがOui. であるならば、わざわざ質問されなくても、どういう場合に自転車に乗るのか、どの程度の頻度で利用するのか、どのくらい遠くまで行くのか、あるいは自分の自転車はどういう種類のものなのか、などを自発的に付け加えましょう。自転車は好きではないが乗っているとか、自分で乗るだけでなくテレビやネットで自転車競技を見るのが好きだなどと話を発展させることもできるでしょう。自転車に乗っていない場合でも、Non. と答えただけで黙ってしまえば会話は先に進みません。乗らない理由を付け加えることもできますし、自分は利用しなくても家族や友人のなかで自転車が好きな人の例をあげることで、家族や友人について話題を転換するきっかけになります。

質問そのものには、正解も誤答もありません。あくまで会話を始めるきっかけにすぎないのです。面接委員は、この質問を出発点にして、受験者がどれだけ充実した会話をつづける能力をもっているのかを見きわめようとしています。ゆっくりでいいですから、ていねいに文を組み立てながら、できるだけ積極的に自分のことを面接委員に伝えることが、スムーズな会話の流れにつながります。そして、試験時間が終了して退出するときには、Au revoir, bonne journée ! などとあいさつをして退出しましょう。

面接試験の対策としては、まずはできるだけフランス語を聞く機会をふやすことです。教材の音源だけでなく、インターネットや衛星放送、映画など、さまざまなメディアを学習環境や好みに合わせて活用し、日常的にフランス語の音声にふれて耳を慣らすように心がけましょう。

会話の練習のためにフランス語を第1言語とする話者と話す機会があまりなくても、どんな形でもいいですから、ある程度の長さのフランス語を声に出して発音することを心がけてみてください。録音されたテキストを聞きながら、できるだけ遅れないでいっしょに発音してみてもよいでしょう。録音された音声のイントネーションや息づかいに合わせられるまで何度も繰り返して発声しているうちに、少しずつフランス語を「話す」ことに身体が慣れていくはずです。話す訓練は、実際に声に出してみないことには始まりません。同じようにフランス語を学ぶ仲間がいれば、おたがいに日本語話者であってもフランス語での会話に挑戦してみてはどうでしょうか。

2023年度秋季
実用フランス語技能検定試験
筆記試験問題冊子　〈 2 級 〉

問題冊子は試験開始の合図があるまで開いてはいけません。

筆　記　試　験		14 時 00 分 ～ 15 時 30 分 (休憩 20 分)
書き取り 聞き取り	試験	15 時 50 分から約 35 分間

◇**筆記試験と書き取り・聞き取り試験の双方を受験しないと欠席になります。**

◇問題冊子は表紙を含め 12 ページ、全部で 7 問題です。

注　意　事　項

1　途中退出はいっさい認めません。

2　筆記用具は **HB または B の黒鉛筆** (シャープペンシルも可) を用いてください。ボールペンや万年筆等でマークした解答は機械による読み取りの対象とならないため、採点されません。

3　解答用紙の所定欄に、**受験番号**と**カナ氏名**が印刷されていますから、まちがいがないか、**確認**してください。

4　**マーク式の解答は、解答用紙の解答欄にマークしてください。**たとえば、1 の (1) に対して ③ と解答する場合は、次の例のように解答欄の ③ にマークしてください。

例

1	解答番号	解　答　欄
	(1)	① ② ● ④ ⑤ ⑥ ⑦ ⑧

5　記述式の解答の場合、正しく判読できない文字で書かれたものは採点の対象となりません。

6　解答に関係のないことを書いた答案は無効にすることがあります。

7　解答用紙を折り曲げたり、破ったり、汚したりしないように注意してください。

8　問題内容に関する質問はいっさい受けつけません。

9　不正行為者はただちに退場、それ以降および来季以後の受験資格を失うことになります。

10　**携帯電話等の電子機器の電源はかならず切って、かばん等にしまってください。**通信機能のある時計は使用を禁じます。

11　**時計のアラームは使用しないでください。**

12　この試験問題の複製 (コピー) を禁じます。また、この試験問題の一部または全部を当協会の許可なく他に伝えたり、漏えいしたりすることを禁じます (インターネットや携帯サイト等に掲載することも含みます)。

1　次の (1) ～ (4) の (　　) 内に入れるのにもっとも適切なものを、下の ① ～ ⑧ のなかから 1 つずつ選び、解答欄のその番号にマークしてください。ただし、同じものを複数回用いることはできません。(配点　4)

(1) Ce n'est pas tous les jours que vous aurez cette vue magnifique (　　) les yeux.

(2) J'ai perdu confiance (　　) moi depuis mon échec.

(3) L'accident a causé un embouteillage (　　) plusieurs kilomètres.

(4) On vend ces produits (　　) douzaines.

① avec　② derrière　③ en　④ par
⑤ parmi　⑥ sous　⑦ sur　⑧ vers

(解説・解答 ▶ p.94)

2　次のフランス語の文 (1) ～ (5) が、それぞれあたえられた日本語の文が表わす意味になるように、(　　) 内に入れるのにもっとも適切な語 (各 1 語) を解答欄に書いてください。(配点　10)

(1) Ce plat contient trop de (　　) grasse.
この料理は脂肪分が多すぎる。

(2) Depuis son divorce, il n'a plus le (　　).
離婚して以来、彼は元気がない。

(3) Ils ont encore du (　　) à croire qu'ils ont gagné ce match.
彼らはあの試合に勝ったことがいまだに信じられない。

(4) Maman est toujours sur mon (　　) !
お母さんはいつだって私から目を離さないんだから！

(5) Tu as un (　　) de cette clé ?
合カギ持ってる？

(解説・解答 ▶ p.96)

3

次の (1) ～ (5) について、A、B がほぼ同じ意味になるように、(　　) 内に入れるのにもっとも適切なものを、下の語群から 1 つずつ選び、必要な形にして解答欄に書いてください。ただし、同じものを複数回用いることはできません。(配点　10)

(1) **A** Elle n'a mangé que des légumes cet été.
B Cet été, elle (　　) uniquement de légumes.

(2) **A** Je vous conseille de mettre le patron au courant de cette affaire.
B Il vaut mieux que vous (　　) le patron de cette affaire.

(3) **A** Le film sera bientôt réalisé par une jeune équipe.
B C'est une jeune équipe qui (　　) le film dans un proche avenir.

(4) **A** S'ils voulaient réussir à l'examen, ils devraient travailler cinq heures par jour.
B Réussir à l'examen leur (　　) cinq heures de travail quotidien.

(5) **A** Tiens-moi bien la main !
B Ne (　　) pas ma main !

demander	dire	lâcher	prévenir
se nourrir	se présenter	tomber	tourner

(解説・解答 ▶ p.98)

4　次の文章を読み、(1) ～ (5) に入れるのにもっとも適切なものを、それぞれ右のページの ① ～ ③ のなかから 1 つずつ選び、解答欄のその番号にマークしてください。(配点 10)

Voici l'événement le plus marquant qui soit arrivé à Victor, un pharmacien de Nantes. Le jeune homme avait passé la nuit du 25 au 26 février à bavarder avec des amis dans un café. Au petit matin, il a téléphoné à sa mère pour qu'elle vienne le chercher. Il l'attendait sur le banc d'un jardin public, en face du café, quand une inconnue est venue s'asseoir près de lui et s'est tout de suite mise à lui parler avec familiarité. (1). Elle avait visiblement bu de l'alcool, mais n'était pas vraiment ivre. Elle a emprunté le portable de Victor car (2). Elle a appelé une amie mais celle-ci n'a pas répondu. Après cela, (3) au bout de cinq minutes. Puis la femme est repartie seule en direction de l'appartement de ses grands-parents, situé à une trentaine de minutes à pied de là. Elle n'est jamais arrivée chez eux et sa trace (4). Deux jours plus tard, son corps a été découvert dans une maison abandonnée. Victor est la dernière personne connue à avoir vu la malheureuse avant sa mort. Depuis, il (5) cette affaire tragique et se demande s'il n'aurait pas pu éviter le drame.

(1) ① C'était interdit
② Elle est restée muette
③ Il a trouvé cela bizarre

(2) ① celui-ci était en panne
② elle ne savait pas s'en servir
③ le sien ne marchait plus

(3) ① ils sont restés assis
② leur conversation s'est terminée
③ leur discussion n'a pas duré

(4) ① a été perdue
② est toujours claire
③ n'a pas disparu

(5) ① ne cesse de penser à
② ne se souvient plus de
③ préfère

（解説・解答 ▶ p.100）

5　次の文章は、Maxime に対するインタビューの一部です。インタビュアーの質問として（ 1 ）～（ 5 ）に入れるのにもっとも適切なものを、右のページの ① ～ ⑦ のなかから 1 つずつ選び、解答欄のその番号にマークしてください。（配点　10）

La journaliste : Vous avez reçu une lettre très spéciale. (1)

Maxime : En 1917, il y a plus de 100 ans !

La journaliste : (2)

Maxime : L'auteure, femme d'un marchand de thé, s'appelle Marie Auger. Dans sa lettre, elle parle à une amie de sa vie à l'étranger.

La journaliste : (3)

Maxime : Mon adresse est la même que celle de la destinataire*. Je crois que la lettre avait été oubliée dans un bureau de poste.

La journaliste : (4)

Maxime : Je l'ai montrée à un ami qui connaît bien l'histoire de notre quartier. C'est lui qui a pu en identifier l'auteure.

La journaliste : (5)

Maxime : Ce serait bien si je pouvais la rendre à quelqu'un de la famille de cette madame Auger.

* destinataire : 受取人

① Comment avez-vous réagi en recevant cette lettre ?

② Comment trouvez-vous cette lettre ?

③ Êtes-vous content de l'avoir reçue ?

④ Pourquoi avez-vous reçu cette lettre ?

⑤ Quand est-ce qu'elle a été écrite ?

⑥ Qu'est-ce que vous voulez faire de cette lettre ?

⑦ Qui l'a écrite ?

(解説・解答 ▶ p.102)

6 　次の文章を読み、右のページの (1) ～ (7) について、文章の内容に一致する場合は解答欄の ① に、一致しない場合は ② にマークしてください。(配点　14)

Un boulanger nommé Philippe a pris contact avec la presse pour retrouver le ou la propriétaire d'une alliance* en or gris. Il y a deux ans, il avait ramassé la bague** sur un trottoir. Il s'était rendu tout de suite à la mairie pour déclarer la découverte. Mais depuis, il n'avait plus eu de nouvelles concernant cette histoire.

Or, la semaine dernière, il a entendu à la radio l'histoire d'une chaîne perdue il y a dix ans qui est revenue à sa propriétaire grâce à une petite annonce. Philippe a alors contacté le journal de la région, qui a aussitôt publié une annonce à ce sujet.

À l'intérieur de l'alliance, on peut lire « R. K. et T. M. » et « 2008 ». Ce chiffre correspond sans doute à l'année du mariage. Le ou la propriétaire pourra venir la chercher au bureau du journal avec un livret de famille***.

* alliance : 結婚指輪
** bague : 指輪
*** livret de famille : 家族手帳

(1) Philippe travaille au journal de la région.

(2) Philippe a trouvé une alliance sur un trottoir.

(3) La mairie a contacté Philippe plusieurs fois.

(4) Il y a un mois, Philippe a entendu à la radio l'histoire d'une chaîne perdue.

(5) Il n'y a rien d'écrit dans l'alliance.

(6) La bague est probablement à quelqu'un qui s'est marié en 2008.

(7) Le ou la propriétaire de la bague ne l'a pas encore reprise.

(解説・解答 ▶ p.104)

7　次の対話を読み、(1) ~ (5) に入れるのにもっとも適切なものを、それぞれ右のページの ① ~ ④ のなかから1つずつ選び、解答欄のその番号にマークしてください。(配点 10)

Le patron du café : Bonjour, Olivier. Votre fille va mieux ?
Olivier : Oui, (1). Avant-hier, elle avait vraiment mal au ventre, mais elle est guérie maintenant.
Le patron : Ah, tant mieux.
Olivier : (2), j'ai un conseil à vous demander.
Le patron : Allez-y, (3).
Olivier : Voilà : ma femme m'en veut d'être allé jouer au tennis alors que notre fille était malade. Qu'est-ce que je dois faire, à votre avis ?
Le patron : (4), je pense que vous devriez vous excuser.
Olivier : Je l'ai déjà fait. Mais ma femme refuse de me pardonner.
Le patron : Alors, montrez à votre femme et à votre fille qu'elles sont importantes pour vous. (5), ne passez pas votre temps à vous amuser loin d'elles. Rentrez vite chez vous !

(1) ① ça alors
② cela ne vous regarde pas
③ heureusement
④ jamais

(2) ① Au fait
② En général
③ Pourquoi pas
④ Tant pis

(3) ① je n'ai pas le temps
② je vous écoute
③ nous n'avons jamais vu ça
④ répondez-moi vite

(4) ① À la porte
② Ce n'est déjà pas si mal
③ Eh bien
④ Pas de quoi

(5) ① Ça n'a rien à voir
② Ce n'est pas sûr
③ Et puis
④ Par contre

(解説・解答 ▶ p.106)

2023年度秋季
実用フランス語技能検定試験
聞き取り試験問題冊子　〈2 級〉

書き取り・聞き取り試験時間は、
15 時 50 分 から 約 35 分 間

先に書き取り試験をおこないます。解答用紙表面の書き取り試験注意事項をよく読んでください。書き取り試験解答欄は裏面にあります。

この冊子は指示があるまで開かないでください。

◇**筆記試験と書き取り・聞き取り試験の双方を受験しないと欠席になります。**

◇問題冊子は表紙を含め 4 ページ、全部で 2 問題です。

書き取り・聞き取り試験注意事項

1　途中退出はいっさい認めません。

2　書き取り・聞き取り試験は、CD・テープでおこないます。

3　解答用紙の所定欄に、**受験番号**と**カナ氏名**が印刷されていますから、まちがいがないか、**確認**してください。

4　CD・テープの指示にしたがい、中を開いて、日本語の説明をよく読んでください。フランス語で書かれた部分にも目を通しておいてください。

5　解答はすべて別紙の書き取り・聞き取り試験解答用紙の解答欄に、**HB または B の黒鉛筆**（シャープペンシルも可）で記入またはマークしてください。ボールペンや万年筆等でマークした解答は機械による読み取りの対象とならないため、採点されません。

6　問題内容に関する質問はいっさい受けつけません。

7　**携帯電話等の電子機器の電源はかならず切って、かばん等にしまってください。**通信機能のある時計は使用を禁じます。

8　**時計のアラームは使用しないでください。**

9　この試験問題の複製（コピー）を禁じます。また、この試験問題の一部または全部を当協会の許可なく他に伝えたり、漏えいしたりすることを禁じます（インターネットや携帯サイト等に掲載することも含みます）。

書き取り・聞き取り試験

（試験時間：約40分間）

書き取り試験

注意事項

Romainの話を、次の要領で4回読みます。全文を書き取ってください。

- 1回目、2回目は、ふつうの速さで全文を読みます。内容をよく理解するようにしてください。
- 3回目は、ポーズをおきますから、その間に書き取ってください（句読点も読みます）。
- 最後に、もう1回ふつうの速さで全文を読みます。
- 読み終わってから3分後に、聞き取り試験にうつります。
- 数を書く場合は、算用数字で書いてかまいません。(配点　14)

［ 音声を聞く順番 ］ ⓿⓼→⓿⓼→⓿⓽→⓿⓼

（解説・解答 ▶ p.109）

聞き取り試験

1

- まず、Laureへのインタビューを聞いてください。
- つづいて、それについての5つの質問を読みます。
- もう1回、インタビューを聞いてください。
- もう1回、5つの質問を読みます。1問ごとにポーズをおきますから、その間に、答えを解答用紙の解答欄にフランス語で書いてください。
- それぞれの（　　）内に1語入ります。
- 答えを書く時間は、1問につき10秒です。
- 最後に、もう1回インタビューを聞いてください。
- 数を記入する場合は、算用数字で書いてください。

(メモは自由にとってかまいません) (配点　8)

［ 音声を聞く順番 ］ ❿→⓫→❿→⓬→❿

(1)　Il s’est (　　) à la jambe (　　).

(2)　Il souhaitait rester aussi (　　) que possible dans cet appartement où il avait vécu (　　) ans.

(3)　Parce que la maison de retraite se (　　) dans un (　　) qu’il connaît bien.

(4)　Elle a été rassurée, mais en même temps elle s’est sentie un peu (　　).

(5)　Elle pense que les gens s’y (　　) bien de son père.

(解説・解答 ▶ p.113)

2

- まず、Charles の話を 2 回聞いてください。
- 次に、その内容について述べた文 (1) ～ (10) を 2 回通して読みます。それぞれの文が話の内容に一致する場合は解答欄の ① に、一致しない場合は ② にマークしてください。
- 最後に、もう 1 回 Charles の話を聞いてください。
(メモは自由にとってかまいません) (配点　10)

［ 音声を聞く順番 ］　⓭ → ⓭ → ⓮ → ⓮ → ⓭

(解説・解答 ▶ p.117)

2 次 試 験

試験方法

○2 次試験は個人面接です（面接時間：5 分）。
○指示にしたがい試験室に入室し、はじめに氏名の確認がありますから、フランス語で答えてください。
○次に、面接委員によりフランス語で質問がありますから、フランス語で答えてください。

＊注意＊　試験入室前に携帯電話等の電子機器の電源を切ってください。

◆ Le jury choisit un(des) sujet(s) dans la liste en fonction des intérêts de chaque candidat.

1. Hier soir, vous vous êtes couché(e) à quelle heure ?
2. Qu'est-ce que vous allez faire dimanche prochain ?
3. Présentez-nous un(e) de vos collègues.
4. Faites-vous souvent la cuisine ?
5. Quels sont vos projets pour l'année 2024 ?
6. Quelle est votre saison préférée ?
7. Comment êtes-vous venu(e) jusqu'ici ?
8. Qu'est-ce que vous faites quand vous êtes fatigué(e) ?
9. Si vous étiez un animal, vous seriez quoi ?
10. Préférez-vous la mer ou la montagne ? Pourquoi ?

（解説 ▶ p.123）

2023年度秋季2級

今季の出願者は1160名（うち1次試験免除者数39名）、1次試験の実受験者数は1006名でした。また1次試験の合格者は374名（対受験者合格率37.2%）、1次試験の平均点は57点でした。1次試験免除者をくわえた2次試験の実受験者は387名、1次試験と2次試験の両方に合格した最終合格者数は323名（最終合格率31.7%）でした。

出題内容のあらまし

1 次［筆記］

1 前置詞（穴うめ・選択）
2 フランス語文の完成（和文つき／穴うめ・記述）
3 フランス語文の完成（動詞を選択活用／穴うめ・記述）
4 説明文（最後の目撃者／穴うめ・選択）
5 インタビュー（100 年以上前の手紙／穴うめ・選択）
6 説明文（拾った結婚指輪／内容一致・選択）
7 対話文（妻との和解方法／穴うめ・選択）

［書き取り］ 談話文（指定席のトラブル）

［聞き取り］

1 対話文（父親の老人ホーム／仏問仏答完成／穴うめ・記述）
2 談話文（タクシーの運転手／内容一致・選択）

2 次［面接］（個人面接方式）受験者が試験室に入室後、面接委員がフランス語で質問し、受験者がそれに答える。（試験時間約 5 分間）

1 次 試 験

筆記試験

解説・解答

1 **解説** 適切な前置詞を選択する問題です。前置詞に関しては、基本的な前置詞がどういう機能をはたすのか、辞書で確かめておくことと同時に、動詞や形容詞、名詞を学ぶ際に、それと結びついて用いられる前置詞をいっしょに覚えておくことが大切です。そうすることできちんとしたフランス語の文章を作って話したり書いたりできますし、読んだり聞いたりする場合にも正確に理解できるものです。日本語の語感だけで推測する受験者が少なくありませんが、前置詞の用法はそれでは解決しない場合が多いことを意識すべきでしょう。

今回のこの問題の全体の得点率は 28%で、例年よりかなり低い結果でした。設問ごとにくわしく見ていきましょう。

(1) Ce n’est pas tous les jours que vous aurez cette vue magnifique (sous) les yeux.「毎日、こんなに素晴らしい景色をあなたが（みなさんが）目の前に見ることはないでしょう」という意味です（強調構文であることはわかりましたか）。名詞 œil の複数形が yeux になることは常識でしょうが、「～の目の前で」の意味では sous les yeux de qqn という表現が使われることは身についているでしょうか。それがわかっていれば前置詞の sous を空欄に入れることは容易でしょう。*avec*、*par*、*sur* を選んだ受験者が多く、得点率は 35%でした。

この機会に『ラルースやさしい仏仏辞典 Niveau 1』の œil の項をひき、この設問で使われている表現がふくまれた例文 « J’ai perdu mon stylo. — Mais non, il est là, sous tes yeux ! » だけでなく、その他の用法の例文（« Tu ne t’es pas encore aperçu qu’il se moque de toi, écoute, ça saute aux yeux ! » など）と説明をよく読んでみましょう。自分で同じ文が作れるかためしたり、同意表現や反意表現に注目したりすると単語を確実に身につけ、語彙をふやすことができます。

(2) J'ai perdu confiance (en) moi depuis mon échec.「失敗して以来、私は自信がなくなった」という意味です。「信頼」、「自信」という意味の名詞 confiance を使って「自信がある」と言いたい場合は avoir confiance en soi を使い、「自信をなくす」の意味では perdre confiance en soi を使うこと（代名詞 soi は主語に合わせて変化します）がわかっていれば、空欄に en を入れることは問題ないでしょう。得点率は 24%でした。誤答としては *avec* と *sur* を選んだ答案が合計で半数ほどありました。

『ラルースやさしい仏仏辞典 Niveau 1』の confiance の項をひき、さまざまな例文（« Depuis mon échec à l'examen, je n'ai plus confiance en moi. » など）を読み、そこで使われている用法がきちんと身についているか、自分で使えるか確認するとよいでしょう。

(3) L'accident a causé un embouteillage (sur) plusieurs kilomètres.「その事故のせいで何キロにもおよぶ渋滞になった」という意味です。前置詞 sur には「～の上に」という基本的な意味以外に、ある範囲に関して「～にわたって」という意味がありますから、空欄には sur が入ります。得点率は 12%でした。苦労した受験者が少なくなく、*derrière*、*en*、*par*、*parmi*、*vers* を選んだ答案が合計で 8 割弱ありました。

(4) On vend ces produits (par) douzaines.「この商品はダース単位で売られている」という意味です。数字「12」を示す douze から出発して「約 12、ダース」を意味する douzaine という女性名詞が作られることはよく知っているでしょう。「ダース単位で」の意味では par douzaines という構文を使いますから、空欄には par を入れれば正解です。*en* を選んだ受験者が 3 割以上いて、得点率は 40%でした。

この機会に『ラルースやさしい仏仏辞典 Niveau 1』の douzaine の項をひき、例文 « Va m'acheter une douzaine d'œufs, s'il te plaît. » の意味を理解するだけでなく、正確な発音ができるかどうか確認してみましょう。さらに、dizaine、centaine の項もよく読むと語彙をふやすことができます。

解答 (1) ⑥ (2) ③ (3) ⑦ (4) ④

2 **解説** 自然な日本語の文をフランス語の文に書きかえる際に必要となる単語を空欄に記す問題です。日本語の文がフランス語の文と1語1語対応しているとはかぎりませんから、日本語の文の内容をよく理解して、それを自然なフランス語にするとどういう表現が可能かを推測したうえで問題文をよく検討してください。

今回のこの問題全体の得点率は6%で、例年よりかなり低い数字になりました。それでは1問ずつくわしく見ていきましょう。

(1) 「この料理は脂肪分が多すぎる」という日本語の文のなかで、「脂肪分」に対応するフランス語の表現として何を思いつくでしょうか。Ce plat contient trop de (　　) grasse. と印刷されているのを見て、形容詞 gras は女性名詞 matière とともに使う用法があり、matière grasse が「脂肪分」を意味するということを思い出せば正解に到達します。得点率は2%でした。誤答としては *la*、*part*、*partie*、*gros*、*poids* などがありました。

『ラルースやさしい仏仏辞典 Niveau 1』の matière の項をひき、この設問で問われた名詞句を使った例文 « Si tu veux maigrir, il faut que tu fasses la cuisine sans matières grasses. » などを正確に理解し、自分でもそのような文をきちんと書けるか確認してみることをおすすめします。

(2) 「離婚して以来、彼は元気がない」という日本語の文のなかで「彼は元気がない」が空欄をふくむ il n'a plus le (　　) に対応するのであろうと想像できますから、「気力」、「士気」を意味する男性名詞 moral には avoir le moral「気力が充実している」、ne pas avoir le moral「気力を失っている」、ne plus avoir le moral「もう気力をなくしている」といった用法があることを思い出しましょう。そうすれば空欄に moral を入れることはむずかしくないでしょう。得点率は3%でした。誤答としては *courage* がありましたが、この名詞を使う場合には il n'a plus de courage となりますし、定冠詞をつけるのはうしろに de + inf. がつづく場合 (il n'a plus le courage de + inf.) ですから、印刷された文にはふさわしくありません。courage を使った文は今季の書き取りにあります（« Je n'ai pas eu le courage de les réveiller »）ので参照してください。他には *forme*、*force*、*fort* などの誤答もありました。

この機会に『ラルースやさしい仏仏辞典 Niveau 1』の moral の項をひき、そこに載っている例文（« Alors, comment va le moral ? — Oh ! ça ne va pas très fort, je me sens triste ! » など）と説明をよく読むとよいでしょう。派生語としてあげられている démoralisé の例文として、« Je n'ai pas le moral. » が « Je suis démoralisé. » と書きかえられると示されていることにも注目すると、設問で問われていた表現を出発点に語彙をふやすことができるでしょう。

(3)「彼らはあの試合に勝ったことがいまだに信じられない」という日本語の文のなかで、「いまだに信じられない」が Ils ont encore du (　　) à croire に対応していることはすぐにわかるでしょう。そこで「〜するのがむずかしい」を意味する avoir du mal à + inf. という、よく知っているはずの表現を思い出せば正解 mal に到達できます。得点率は 19%でした。誤答としては *doute*、*rien*、*impossible*、*temps*、*difficile*、*difficulté* などがありました。ちなみに avoir du mal à + inf. は 2002 年度春季と 2018 年度秋季にもこの問題で出題され、そのときの得点率は 24%と 46%でした。

『ラルースやさしい仏仏辞典 Niveau 1』の mal の項には名詞と副詞の 2 つあります。名詞の項をこの機会に熟読するとよいでしょう。この設問で尋ねられている avoir du mal à + inf. の例文（« Sa jambe va mieux, mais il a encore du mal à marcher. » など）を読むだけでなく、avoir mal、penser du mal de qqn などその他の表現にも注目し、それらが身についているか確認してみましょう。

(4)「お母さんはいつだって私から目を離さないんだから！」という日本語の文に対応するフランス語が Maman est toujours sur mon (　　)！と印刷されています。「〜から目を離さない」を意味する表現 être toujours sur le dos de qqn が思い出せれば dos が入るとわかるでしょう。得点率は 2%でした。誤答としては *corps*、*tête*、*œil*、*yeux* などがありました。

この機会に『ラルースやさしい仏仏辞典 Niveau 1』の dos の項をひき、この設問で尋ねられている表現の例文 « Oh ! arrête un peu de me surveiller, tu es toujours sur mon dos ! » 以外の例文（« Tu ne parles pas de Pierre, dans ta lettre ? — Mais si ! Regarde au dos ! » など）を熟読して、自分でもそれらの文を作ることができるか確認しておくとよいでしょう。

(5)「合カギ持ってる？」という日本語の文のなかで「合カギ」に対応する

箇所がフランス語で un (　　) de cette clé と印刷されていますから、空欄に入れる適切な男性名詞を考えれば double を思いつくでしょう（duplicata でも可）。得点率は3%でした。誤答としては *autre*、*même*、*copie*、などがありました。

『ラルースやさしい仏仏辞典 Niveau 1』の double の項をこの機会に読み、そこに載っているさまざまな表現を例文（« À quoi ça sert de fermer ta porte à double tour ? » など）とともに熟読しておくとよいでしょう。よく知っていると思っている単語でも、意外に身についていない表現があるものです。

解答　(1) matière　(2) moral　(3) mal
(4) dos　(5) double

3　**解説**　2つの文 **A** と **B** があたえられており、**B** の文には1語だけ空欄があります。**A** と **B** がほぼ同じ意味になるように、不定詞の形であたえられた8つの動詞のなかから適切なものを選び、それを必要な形に活用させて空欄をうめるという問題です。せっかく正しい動詞を選んでも、時制と叙法でまちがえたり、活用形のつづりをきちんと書けなかったりする受験者が少なくありません。日ごろから手を使って活用の練習をしておけば試験の際に迷うことはないでしょう。

問題全体の得点率は19%で、例年よりやや低い結果でした。それでは各設問をくわしく見ていきましょう。

(1)　**A** の文は「今年の夏、彼女は野菜しか食べなかった」と訳せるでしょう。**B** の文は「今年の夏、彼女は野菜だけ～」という意味ですから、空欄には「～を食べる」を意味する動詞 se nourrir de qqch を直説法複合過去3人称単数女性形にして s'est nourrie を入れればよいとわかるでしょう。得点率は28%でした。誤答としては s'est *nourri*、s'*a nourri*、s'est *nourrite*、s'est *nourrit* などがあり、代名動詞の過去分詞の性数一致があやふやだったり、代名動詞の複合形の場合の助動詞に関する知識や動詞 nourrir の過去分詞形のつづりが身についていなかったりする受験者が少なくないようです。代名動詞の過去分詞の性数一致はフランス語を第一言語とする人でもまちがえる文法事項ですから、参考書などで基本を再確認するとよいでしょう。

また、manger des légumes と se nourrir de légumes をくらべて、名詞の前が des と de になっているのはなぜか、その理由を説明できるでしょうか。後者の場合、前置詞 de の用法として、de + des（不定冠詞複数）の場合には de だけになるという規則があることが理解できていれば、説明は容易でしょう。こまかい点ですが、自分で文章を作る際にはこういった箇所にも注意が必要です。

⑵　**A** の文は「上司にその問題を知らせることをあなたにすすめます」という意味です。**B** の文は「あなたは上司にその問題を～ほうがよいでしょう」という意味になると想像できますから、**B** のフランス語の文に前置詞 de があることに注目すれば、空欄には前置詞 de と組み合わせて prévenir qqn de qqch の構文で「～を…に予告する、知らせる」を意味する動詞 prévenir を接続法現在2人称複数 préveniez にして入れればよいとわかるでしょう。得点率は8%でした。誤答としては、正しい動詞を選びながら *prévenez*、*prévienniez* と書いた受験者や、*dire*、*demander* などを選んで活用させた受験者がいました。正確な文を作るには動詞の活用も構文もしっかり身につけている必要があります。

この機会に『ラルースやさしい仏仏辞典 Niveau 1』の au courant (de) と prévenir の項をひき、多様な例文（« Tenez-moi au courant de la suite des événements. » « On ne peut pas quand même aller chez eux comme ça sans prévenir. » など）だけでなく、同義表現の説明も熟読すると語彙をふやすことができます。

⑶　**A** の文は「その映画はある若いスタッフによって、じきに制作されるでしょう」という意味です。**B** の文は「その映画を近い将来～のは、ある若いスタッフです」となりそうですから、空欄には「(映画を) 撮影する」を意味する動詞 tourner を直説法単純未来3人称単数にして tournera と記入すれば正解です。得点率は15%でした。誤答としては *se présenter*、*prévenir* などを選んで活用させた受験者が多くいました。

『ラルースやさしい仏仏辞典 Niveau 1』の tourner の項は長いですが、例文（« Cette discussion risque de mal tourner. » など）と解説をよく読んで多様な用法が身についているか確認しておきましょう。

⑷ **A** の文は「もし彼らが試験に合格したければ、毎日5時間勉強すべきだろう」と訳せるでしょう。**B** の文は「試験に合格することは彼らに毎日5時間の勉強を〜」という意味でしょうから、空欄には「〜を要求する」を意味する動詞 demander を条件法現在3人称単数に活用させて demanderait と記入すればよいとわかるでしょう。得点率は16%でした。誤答としては、正しい動詞を選びながら条件法現在にしなかった受験者がいた以外に、*prévenir*、*lâcher*、*tourner* などを選んだ答案がありました。

『ラルースやさしい仏仏辞典 Niveau 1』の demander の項を日ごろから読み、例文と説明を通して用法を確認し、同義表現を身につけていれば容易に解答できる問題でしょう。

⑸ **A** の文は「しっかり私の手をにぎっていなさい！」という意味です。**B** の文は否定文になって「私の手を〜しないで！」と訳せそうですから、空欄には「〜を離す」を意味する動詞 lâcher を使えばよいとわかるでしょう。命令法2人称単数 lâche にして記入すれば正解です。得点率は28%でした。誤答としては、正しい動詞を選びながら命令法のつづりをまちがえて *lâches* と書いた答案以外に、*tomber*、*tourner* などを選んだ受験者がいました。

『ラルースやさしい仏仏辞典 Niveau 1』の tenir の項は長いですが、自動詞、他動詞、間接他動詞、代名動詞の多様な用法を例文（« Ah ! Je suis fatigué, je ne tiens plus debout ! » など）をよく読んで再確認し、自分でもそれらの文が書けるかどうかためしてみることをおすすめします。

解答　⑴ s'est nourrie　⑵ préveniez　⑶ tournera
⑷ demanderait　⑸ lâche

4 **解説** 長文に5つの空欄が設けられており、それぞれ3つの選択肢のなかから文章の流れに合うものを選ぶ問題です。それぞれの選択肢はどれを入れても文法的に正しいようにできていますので、空欄の前だけを見て選ぼうとしてもうまくいきません。空欄をうめてから空欄のうしろも読み、さらに文章全体の論理展開に合うかどうか検討してください。

この問題全体の得点率は67%で、例年よりやや低い数字でした。それでは各設問を見ていきましょう。

(1) 最初の文で、Nantesの薬剤師Victorに起こったもっとも衝撃的な出来事の話であることがわかります。どういう出来事なのか、順を追っていきましょう。つづく4文で、彼が2月25日から26日にかけてあるカフェで友人たちと夜じゅうおしゃべりして、夜明けになって母親に電話をして迎えにくるようたのみ、カフェの向かいの公園のベンチで待っていたところ、見知らぬ女性が来て近くにすわり、すぐに気安く話しかけてきたと述べられています。それにつづく第5文が空欄1になっています。選択肢は①「それは禁じられていた」、②「彼女は黙っていた」、③「彼はそれが変だと思った」という意味です。空欄のあとの文でその女性が酒を飲んではいたが、酔っぱらっていたわけではないと言われていることも考慮に入れれば、知り合いでもないのに親しげに話しかけてきたことを奇妙だと思ったと理解できますから、正解は③であるとわかります。得点率は79%でした。

(2) 第7文の前半で「彼女はVictorの携帯電話を借りた」と言われたあとに第2の空欄があり、「なぜなら（　2　）」となっています。選択肢は①「それ（Victorの携帯電話）は故障していた」、②「彼女はそれを使うすべを知らなかった」、③「彼女のそれ（携帯電話）はもう動かなかった」という意味ですから、携帯電話を借りる理由として適切なのは③であるとわかるはずです。得点率は62%でした。

この機会に『ラルースやさしい仏仏辞典 Niveau 1』のservirの項を参照するとよいでしょう。選択肢で使われているse servir de qqchの例文（« Pour manger, on se sert d’un couteau et d’une fourchette. »など）を熟読するだけでなく、その他の例文と解説も熟読すると多様な用法が身につくことでしょう。

(3) 第8文でその女性がある友人に電話をかけたが、相手が出なかったと述べられたあとの文に第3の空欄があり、「そのあと5分たつと（　3　）」といった趣旨です。選択肢は①「彼らはすわったままだった」、②「彼らの会話は終わった」、③「彼らの会話はつづかなかった」という意味ですから、文脈に合うのが②であると判断するのはさほどむずかしくはないでしょう。得点率は36%でした。

空欄のあとで使われている前置詞句au bout de qqchはきちんと身についているでしょうか。①を選んだ半数以上の受験者はその知識が不足していたのかもしれません。『ラルースやさしい仏仏辞典 Niveau 1』の bout の項を参照し、例文 « Le film était si mauvais qu'on est sortis au bout d'un quart d'heure. » の表現を正確に理解するだけでなく、同義語として何があげられているか確認するとよいでしょう。その他の例文も熟読すると語彙をふやすことができます。

(4) 第 10 文でその女性が、そこから徒歩で 30 分ほどの祖父母のアパルトマンに向かって 1 人で歩いていったと述べられたあとの文に第 4 の空欄があります。「彼女は彼らの家にはまったく着くことはなく、彼女の痕跡は（　4　）」といった内容です。つづく文で、2 日後に彼女の遺体がある廃屋で発見されたと述べられていることも考慮すると、祖父母の家に着くまでに事件にまきこまれて行方がわからなくなっていたと想像できます。選択肢①「失われた」、②「あいかわらず明らかだ」、③「消えなかった」のなかで①を選ぶことはむずかしくはないはずです。得点率は 86%でした。

(5) 第 13 文で Victor はこの不幸な女性に生前最後に会ったことがわかっている最後の人だと述べられたあとの最終文に第 5 の空欄があります。「それ以来、彼はこの悲劇を（　5　）、この惨事を避けられなかっただろうかと考えている」といった内容です。選択肢として、②「（この悲劇のことを）もう覚えていない」も③「（この悲劇のほうを）好む」もふさわしくなく、①「（この悲劇のことを）たえず考えている」が適切だと容易に判断できるはずです。得点率は 72%でした。

解答　(1) ③　(2) ③　(3) ②　(4) ①　(5) ①

5　**解説**、対話形式の長文に 5 つの空欄が設けられており、それぞれに適合する文を 7 つの選択肢から選ぶ問題です。近年の傾向としてはジャーナリストによるインタビュー形式の出題が多く、今回もそのような問題でした。

　問題全体の得点率は 88%で、例年より高い結果でした。それでは各設問をくわしく見ていきましょう。

(1)「あなたはとても変わった手紙を受け取ったのですね」というジャーナ

リストの発言のあとに空欄があり、それに対してMaximeは「1917年です、今から100年よりも前ですね」と答えています。時間的なことを尋ねる質問がされたのだろうと推測できます。その形式の問いを選択肢のなかでさがすと、⑤ Quand est-ce qu'elle a été écrite ?「いつそれは書かれたのですか」がふさわしい問いであると判断するのはむずかしくないでしょう。得点率は98%でした。

(2) ジャーナリストの次の質問の部分に第2の空欄があり、それに「書いたのは紅茶の商人の妻、Marie Augerです」といった趣旨の返答をMaximeがしていますから、手紙を書いた人の話をしているのだろうと推測できます。選択肢のなかからそれに合うものをさがすと、⑦ Qui l'a écrite ?「だれがそれを書いたのですか」がみつかるでしょう。得点率は96%でした。

Maximeの発言で使われているauteureは「著者」を意味するauteurの女性形であることはすでによく知っているでしょうが、最近ではautriceという女性形も使われています。『ラルースやさしい仏仏辞典 Niveau 1』のauteurの項を参照し、その例文（« L'auteur de l'accident a pris la fuite. »など）を熟読し、「著者」以外に「（事件などの）犯人、張本人」の意味でも使われることを確認するとよいでしょう。よく知っていると思っている単語でも身についていない用法があることがわかるかもしれません。

(3) 手紙のなかでMarie Augerが外国暮らしについてある女友だちに語っているというMaximeの発言につづいてジャーナリストが質問している部分に第3の空欄があり、それに「私の住所は受取人の住所と同じです。手紙はどこかの郵便局で忘れられていたのでしょう」という内容の返答をMaximeがしています。なぜその手紙をMaximeが受け取ったのかを尋ねる質問がなされたのだろうと推測できますから、選択肢のなかで最適なのは④ Pourquoi avez-vous reçu cette lettre ?「なぜあなたがその手紙を受け取ったのですか」だとわかるでしょう。得点率は82%でした。

Maximeの発言のなかにあるmêmeを『ラルースやさしい仏仏辞典 Niveau 1』でひいてみましょう。簡単だと思っている単語でも意外な用法があることがわかるでしょう。

(4) ジャーナリストの次の質問の部分に第4の空欄があり、Maximeは「私たちの街の歴史にくわしい友人にその手紙を見せました。彼が手紙を書いた女性を特定できたのです」といった趣旨の返答をしています。手紙を受け取ったあとに何をしたかを尋ねたのだろうと推測しながら選択肢の文を読むと、① Comment avez-vous réagi en recevant cette lettre ?「その手紙を受け取ってどう対応しましたか」がふさわしいとわかるでしょう。得点率は78%でした。

Maxime の発言で使われている identifier が『ラルースやさしい仏仏辞典 Niveau 1』のどの項で説明されているかわかりますか。例文 « La police a identifié le bandit. » がどういう文の書きかえとして提示されているかさがしてみるとよいでしょう。

(5) Maxime の最後の発言は「その Auger さんの家族のだれかに手紙を返すことができればよいでしょうね」といった趣旨です。手紙をどうするつもりなのかを尋ねられたのだろうと想像しながら、ジャーナリストの質問として適切なものを選択肢のなかでさがすと、⑥ Qu'est-ce que vous voulez faire de cette lettre ?「あなたはその手紙をどうしたいのですか」だろうと容易に推測できるでしょう。得点率は83%でした。解答してから全体を読み、インタビューがスムーズに進んでいるかを確認するとよいでしょう。

解答　(1) ⑤　(2) ⑦　(3) ④　(4) ①　(5) ⑥

6　**解説**　長文の内容一致の問題です。あたえられた7つの文が本文の内容に一致しているか否かを判断します。

問題全体の得点率は89%で、例年より高い数字でした。正誤が問われている問題の文を順に確認しながら、本文の内容と一致しているか見ていきましょう。

(1) Philippe travaille au journal de la région.「Philippe はその地方の新聞社で働いている」という文です。本文第1段落第1文は「Philippe という名のパン屋が」と始まり、彼がグレーゴールドの結婚指輪の持ち主をみつけるために新聞社に連絡したと述べられています。彼はパン屋であって新聞社で働いているわけではないことはすぐにわかるでしょう。得点率は99%でした。

(2) Philippe a trouvé une alliance sur un trottoir.「Philippeはある歩道で結婚指輪をみつけた」という文です。本文第1段落第2文で2年前にPhilippeがある歩道でその指輪を拾ったと述べられていますから、本文と短文で使われている動詞はちがいますが内容は一致しているとすぐに判断できるでしょう。得点率は85%でした。

この機会に『ラルースやさしい仏仏辞典 Niveau 1』でramasserの項をひいてみるとよいでしょう。ramasser qqchとramasser des chosesとに区別されていますが、その用法の差異は理解できているでしょうか。例文（« C'est toi qui as fait tomber le crayon ? Alors, ramasse-le ! » « Le professeur ramasse les devoirs des élèves. » など）と解説を熟読してきちんと身についているか確認してみましょう。

(3) La mairie a contacté Philippe plusieurs fois.「市役所（あるいは区役所、町役場、村役場）はPhilippeに何度も連絡をした」という文です。本文第1段落第3文と第4文で、Philippeが拾い物を申告しにすぐに市役所（あるいは区役所、町役場、村役場）に行ったが、その後、その件でなにも言ってこなかったと述べられていますから、役所からの連絡はなかったことはわかるでしょう。得点率は92%でした。

(4) Il y a un mois, Philippe a entendu à la radio l'histoire d'une chaîne perdue.「失くしたチェーンの話をPhilippeはひと月前にラジオで聞いた」という文です。本文第2段落第1文で、新聞の三行広告のおかげで10年前に失くしたチェーンが持ち主にもどった話を先週ラジオでPhilippeは聞いたと述べられています。「ひと月前」ではなく「先週」その話を彼は聞いたのですから、短文は本文の内容に一致していません。得点率は92%でした。

(5) Il n'y a rien d'écrit dans l'alliance.「結婚指輪にはなにも書かれていない」という文です。本文第3段落最初の文で、結婚指輪の内側にはR.K.とT.M.という文字と、2008という数字を読むことができると述べられています。したがってなにも書かれていないわけではありません。得点率は95%でした。

(6) La bague est probablement à quelqu'un qui s'est marié en 2008.「おそ

らく指輪は2008年に結婚した人のものである」という文です。本文第3段落第2文で、この数字は、つまり直前で言われている2008という数字は、おそらく結婚の年に対応しているのだろうと説明されています。したがって、短文は本文の内容に一致します。得点率は96%でした。

(7) Le ou la propriétaire de la bague ne l'a pas encore reprise.「指輪の持ち主はまだ指輪を取りもどしてはいない」という文です。本文第3段落第3文で、指輪の持ち主は指輪を受け取るために新聞社に来る場合には家族手帳持参のことと述べられています。したがってまだ指輪は持ち主のところにもどっていないことがわかりますから、短文は本文の内容に一致しています。得点率は67%でした。

解答　(1) ②　(2) ①　(3) ②　(4) ②　(5) ②　(6) ①
(7) ①

7

解説 対話文に設けられた5つの空欄に、それぞれ4つの選択肢から適切なものを1つ選んで入れる問題です。筆記試験5も対話文の空欄補充問題ですが、質問文を尋ねるものでした。7では、やりとりのなかの文や文の一部が問われます。対話文が自然な流れになるように気をつけながら解答していく必要があり、受験者には意外に難問になるところもあるようです。日ごろからフランス語で会話をする練習をしたり、さまざまな媒体で実際の会話のようすに接したりする工夫をするとよいでしょう。

今回、この問題全体の得点率は75%で、例年より高い数字でした。それでは対話文の流れを追いながら、各設問のポイントを見ていきましょう。

(1) le patron du café が「こんにちは、Olivier。娘さんは元気になりましたか」と言うと、Olivier が「ええ、(　1　)。おとといは本当に腹痛で苦しんでいましたが、今は治りました」と答えています。前後の文脈に注目しながら選択肢を見れば、① ça alors「なんてことだ」、② cela ne vous regarde pas「それはあなたには関係ない」、③ heureusement「幸いにも」、④ jamais「いいえ1度も」のなかでふさわしいのは③であるとわかるでしょう。得点率は78%でした。

選択肢①の ça alors を選んだ受験者が1割強いましたが、この表現は身についているでしょうか。『ラルースやさしい仏仏辞典 Niveau 1』の alors の項をひき、例文 « Ça alors, je ne l’aurais jamais cru ! » と解説 « Au sens II, *alors* et *ça alors* appartiennent à la langue parlée et servent à renforcer une interrogation, une exclamation, un mouvement d’impatience ou d’indignation. » をよく読み、自分でも同じ文が作れるかためしてみるとよいでしょう。

(2) 「それはよかった」という le patron のセリフのあとの Olivier の発言の最初に第 2 の空欄があり、それにつづいて「相談したいことがあるんです」と言っています。空欄をうめるのにふさわしい表現をさがすと、選択肢 ① Au fait「じつは」、② En général「一般に」、③ Pourquoi pas「もちろん」、④ Tant pis「仕方がないですね」のなかで文脈に合うのは ① であることは容易にわかるでしょう。得点率は 84％でした。

選択肢 ① で使われている副詞句 au fait は身についているでしょうか。この機会に『ラルースやさしい仏仏辞典 Niveau 1』の fait の項をひき、例文 « Au fait, pendant que j’y pense, je ne te dois pas d’argent ? » と同義表現の解説を参照し、名詞 fait を使ったその他のさまざまな用法が身についているか確認するとよいでしょう。

(3) つづいて le patron が「どうぞ」と言ったあとに第 3 の空欄があり、そのあとに Olivier が「というのも、娘が病気のときにテニスをしに出かけたことを妻がうらんでいるんです。どうしたらいいでしょうかね」と話しています。空欄をうめるにふさわしいものを選択肢 ① je n’ai pas le temps「私には時間がないんです」、② je vous écoute「話をうかがいましょう」、③ nous n’avons jamais vu ça「そんなことは見たことがありません」、④ répondez-moi vite「すぐに答えてください」のなかからさがすと、② が適切であるとわかるでしょう。得点率は 95％でした。会話の流れを追って状況を思い描くと答えるのは容易でしょう。

(4) Olivier から意見を求められた le patron の返答に第 4 の空欄があり、そのあとに「あなたは謝罪すべきだと思いますよ」とつづけています。選択肢 ① À la porte「出ていきなさい」、② Ce n’est déjà pas mal「それだけでも悪くないですね」、③ Eh bien「ええと」、④ Pas de quoi「どういたしまして」

のなかから前後の文脈にふわさしいものをさがすと、③であると判断できます。得点率は44%でした。④を選んだ受験者が少なくありませんでしたが、それは礼を言われたときに「どういたしまして」の意味で使う表現ですからこの文脈では適していません。

選択肢で使われている表現はそれぞれ理解できているでしょうか。とくに③で使われているeh bienは身についているでしょうか。『ラルースやさしい仏仏辞典 Niveau 1』のeh bien ! の項をひき、例文（« Eh bien ! qu'est-ce qui se passe ici ? » など）と解説をよく読み、理解できているか確認することをおすすめします。

(5)「それはもうしたのですが妻はゆるしてくれないんです」と言うOlivierに対するle patronの返答は「奥さんと娘さんがあなたにとって大切だということを示しなさい」と始まり、次の文の最初に第5の空欄があり、それにつづいて「彼女たちから遠いところで遊んでいてはいけませんよ。すぐに家に帰りなさい」と話しています。空欄をうめるにふさわしいものを選択肢① Ça n'a rien à voir「それは関係ありませんよ」、② Ce n'est pas sûr「それは確実ではありません」、③ Et puis「それから」、④ Par contre「それに対して」のなかからさがせば、最適なのは③です。得点率は73%でした。

選択肢①で使われている動詞句n'avoir rien à voirは身についているでしょうか。『ラルースやさしい仏仏辞典 Niveau 1』のvoirの項をひき、例文（« C'est parce qu'il ne t'a pas invité dimanche que tu ne veux plus lui parler ? — Mais non, ça n'a rien à voir, je n'ai pas envie de le rencontrer, un point c'est tout. » など）で確認するとよいでしょう。動詞voirのその他の用法も再確認するチャンスです。

すべての空欄をうめたあとに対話全体を読みなおすと、2人がどういう調子で話をしているのか、状況がイメージとともに確認できるでしょう。

解答　(1) ③　(2) ①　(3) ②　(4) ③　(5) ③

書き取り・聞き取り試験

解説・解答

書き取り試験

解説 書き取り試験では、音を正確に聞き取って適切な単語や表現に結びつけ、その音を正確につづり、さらに文法的に正確な文として組み立てる必要があります。とくに、語末の子音、複数の s や x など、発音されない箇所を書き足すことに気をつけなくてはいけません。また、性数一致、動詞の活用などの注意点もあります。これらの点は日ごろから気をつけていないと、受験の際についまちがえてしまうものです。

試験では、問題文は全部で4回読まれます。ふつうの速さで読まれる1回目と2回目は、キーワードをメモする程度におさえ、文章全体の流れを理解するようにしましょう。この段階で最初から書き取ろうとすると、書いている間に問題文を聞き逃がしてしまいます。3回目に句読点をふくめてゆっくり読まれますので、このときに1語1語しっかり書き取ってください。最後にもう1回読まれるときは、自分が書いた文章にまちがいがないか、こまかい点にも注意してチェックしましょう。意味がきちんとつながるか、単数形と複数形が適切であるか、動詞の時制、人称などに合った活用ができているか、などさまざまな点を見なおすとよいでしょう。

今回は、TGV の自分の指定席にすわれなかった Romain という男性の話です。得点率は45％で例年より高い数字でした。落ちついて書き取ることを心がけてください。第1文から順に見ていきましょう。

第1文は意味は平易ですからあわてずに書き取りましょう。まず冒頭の Lundi, は virgule もふくめて、きちんと書けたでしょうか。基本的な表現ですが、この場合に冠詞も前置詞もいらないことは確認しておくことをおすすめします。*L'on dit* と書いた受験者がいましたが、発音に注意し、意味をよく考えれば避けられたまちがいでしょう。

この機会に『ラルースやさしい仏仏辞典 Niveau 1』の lundi の項を参照し、冠詞の有無を確認しながら多様な例文（« On se voit lundi prochain ? » « Je m’en souviens très bien, c’était un lundi de Pâques. » など）を熟読し、自分で同じ文をまちがいなく作れるかためしてみるとよいでしょう。

同じ第 1 文の主語と動詞 j’ai réservé については、直説法複合過去 1 人称単数であることは問題なくわかっても、過去分詞 réservé のアクサンをつけ忘れて j’ai *reservé* と書いたり、つけすぎて j’ai *résérvé* と書いたりした答案がありました。アクサンは日ごろから注意しておく必要があります。主語の代名詞を大文字で書いた受験者もいましたが、文頭ではありませんから小文字にしないといけません。

同じ第 1 文にある une place de TGV は基本的な語彙ですから、それほどむずかしくはないはずですが、place のつづりをまちがえて *plasse* と書いたり、前置詞の de を省略したり、TGV を *TGB* と書いたりした誤答が散見しました。

第 2 文は長いですが、意味を考えながら落ちついて書きましょう。最初の Mais aujourd’hui は正しく書けたでしょうか。どちらも基本的な単語ですが、aujourd’hui のつづりをまちがえて *aujourdui*、*aujourd’ui* などと書いた答案が見られました。ときどき手で書いて練習しないとつづりは忘れてしまうものです。

この第 2 文の前半にある je suis monté はきちんと書けたでしょうか。話しているのは男性ですから、過去分詞を女性形にしてはいけません。

後半にある ma place était occupée がまちがえやすい箇所かもしれません。主語が女性名詞ですから、受動態の過去分詞 occupée は女性形にする必要があります。まちがえて *occupé* と書いた答案が半数近くありました。過去分詞の性数一致は日ごろから気をつけていないと、なかなか正確に書けないものです。規則がしっかり身についていない場合には参考書などで確認しましょう。

そのあとの par un petit garçon は問題なく書けたでしょうか。うっかりつづりをまちがえてセディーユを忘れて *garcon* などと書かないよう気をつけましょう。それでは発音が変わってしまいます。

それにつづく部分 de trois à quatre ans（de 3 à 4 ans も可）において、数字は問題なく書けたとしても、前置詞の de と à を組み合わせて「～から…の」を意味する表現が使われていることはすぐに理解できたでしょうか。前置詞の à を書き忘れたり、かわりに *ou* と書いたり、ans が複数形であることに注意が向かずに *an* と書いたりした答案が散見しました。

第 3 文では était assise の部分がつまづきやすいかもしれません。直説法半過去 était のアクサンを忘れたり、かわりに過去分詞 *été* を書いたり、assise が女性形であることに気づかずに *assis* と書いたりした答案がありました。文の意味と発音に注意すればそのようなまちがいは避けられるでしょう。

同じ第 3 文の後半にある à côté de lui では、côté のつづりに苦労した受験者が少なくありませんでした。*côte*、*coté*、*cotê*、*cote* などの誤答がありました。

この機会に『ラルースやさしい仏仏辞典 Niveau 1』の côté の項だけでなく、その直前にある côte の項も参照するとよいでしょう。多様な例文（« Le chemin est trop étroit pour marcher côte à côte. » « C’est difficile de conduire dans Paris, il y a des voitures qui viennent de tous les côtés. » など）を熟読したうえで、発音したり手で書き写したりして、しっかり身につけておくことをおすすめします。

第 4 文は短いのでむずかしくはないはずですが、sa mère でつまづいた受験者が少なくありませんでした。アクサンの向きをまちがえて *mére* と書いた答案が多数ありました。アクサン・グラーヴがどういう場合に使われるかは基本的な知識ですから、忘れている場合には参考書などで再確認するとよいでしょう。

第 5 文では Ils dormaient は問題なく書けたでしょうか。単数だと思って *Il dormait* と書いたり、動詞の活用形をまちがえたりした答案がありました。文意をよく考え、tous les deux が使われていることに着目すれば単数ではないことはわかるはずですし、ふだんから動詞の活用を手で書いて練習していればまちがえずにすむでしょう。

同じ第 5 文の後半の tous les deux（tous les 2 も可）では、tous のつづりにつまづき、*tout* les deux と書いた答案がありました。deux のかわりに *dout*、*doux*、*doutes* などと書いた受験者もいました。発音と文意に注意すればそのようなミスは避けられるでしょう。

『ラルースやさしい仏仏辞典 Niveau 1』の tout の項は長いですが熟読するとよいでしょう。多様な例文（« Ici on peut manger à toute heure du jour ou de la nuit. » « Nous avons tous des défauts, c’est normal. » など）をよく読み、自分でも正確にそれらの文を作ることができるか確認することをおすすめします。用法によって発音が変わる点にも注意が必要です。

第6文においては、Je n'ai pas eu le courage deは正確に書けたでしょうか。avoirの過去分詞euも定冠詞leも前置詞deも短い単語ですが、それらを省略しては正確な文になりませんから、書きおとさないように注意しましょう。

同じ文のdeにつづく部分にあるles réveillerも意外に苦労する箇所だったようです。lesを省略したり、アクサンを忘れてles *reveiller*としたりした答案が見られました。この箇所でde lesがdesに縮約されないのはなぜか、説明できますか。

同じ第6文の後半の従属節にあるils devaientはわからずに空欄にした受験者が3割もいたほか、まちがえて単数形*il devait*にした答案が見られました。同じ文の前半で人称代名詞lesが使われ、それをうけていることが理解できればそのようなまちがいは避けられるでしょう。

同じ文の最後にあるtrès fatiguésでは、主語に合わせて複数形にする必要があることを忘れた受験者がいました。形容詞の性数一致はふだんから注意しておくべきでしょう。また、副詞trèsのアクサンの向きをまちがえた答案もありました。

最終文は短いですから容易に書けるはずですが、trajetという単語になじみがない受験者がいたようで、その部分が空白になっていたり、別の単語を書いたりした答案が散見しました。

『ラルースやさしい仏仏辞典 Niveau 1』のtrajetの項を参照すると、今回の問題で使われた表現をふくむ例文 « Il n'y avait plus de place dans le train pour s'asseoir, on a fait tout le trajet debout ! » がみつかります。その他の例文もよく読んで、この名詞の用法を身につけておくとよいでしょう。

末尾のdeboutも、trajetを理解できなかった受験者にはわかりにくかったようです。*de bout*と切り離して書いてはいけません。

解答　（読まれる文） Lundi, j'ai réservé une place de TGV. Mais aujourd'hui, quand je suis monté dans le train, j'ai vu que ma place était occupée par un petit garçon de trois à quatre ans. Une jeune femme était assise à côté de lui. C'était sans doute sa mère. Ils dormaient tous les deux. Je n'ai pas eu le courage de les réveiller parce qu'ils devaient être très fatigués. J'ai donc fait tout le trajet debout.

聞き取り試験

1

（読まれるテキスト）

Le journaliste : Votre père Jacques vit aujourd'hui dans cette maison de retraite. Quand y est-il entré ?

Laure : Il y a six ans, lorsqu'il s'est blessé à la jambe droite. Il ne pouvait plus marcher.

Le journaliste : Où est-ce qu'il habitait jusque-là ?

Laure : Il vivait dans un appartement depuis 55 ans et il souhaitait y rester aussi longtemps que possible.

Le journaliste : Alors pourquoi votre père a-t-il accepté de déménager ?

Laure : Parce que la maison de retraite se trouve dans un village qu'il connaît bien.

Le journaliste : Quel a été votre sentiment, lorsqu'il s'est installé ici ?

Laure : J'ai été rassurée. Mais en même temps, je me suis sentie un peu coupable.

Le journaliste : Finalement, regrettez-vous d'avoir fait déménager votre père ici ?

Laure : Non. Le personnel de la maison s'occupe bien de lui et mon père est en forme.

（読まれる質問）

un : Qu'est-ce qui est arrivé à Jacques il y a six ans ?

deux : Qu'est-ce que Jacques souhaitait faire quand il vivait dans son appartement ?
trois : Pourquoi Jacques a accepté de déménager ?
quatre : Comment Laure s'est sentie quand son père s'est installé à la maison de retraite ?
cinq : Que pense Laure de la maison de retraite ?

解説 インタビューを聞いたあと、それについて5つの質問を聞き、それに対する答えを完成させる問題です。あらかじめ問題冊子に印刷されている答えの文を読んでおくと、聞き取るべきポイントをある程度予測することができるでしょう。

インタビューは全部で3回読まれます。1回目に読まれるときは全体の流れを把握するようにしましょう。次に質問が読まれますから、質問の内容を理解し、2回目にインタビューを聞くときにポイントをおさえるとよいでしょう。2回目に質問が読まれるときには、それぞれの質問文の間にポーズがおかれますから、その間に空欄をうめてください。インタビューで使われている単語をそのまま書けばよい場合が多いですが、ときには変化させないといけない場合もあります。3回目にインタビューが読まれる際には、自分が記入した答えがインタビューの内容に即しているか、質問の形式に合っているか、空欄をうめてできあがった答えの文が正確であるかなどをチェックしましょう。

今回は、父親のJacquesを老人ホームに入れたLaureへのインタビューです。問題全体の得点率は66%で例年より高い数字になりました。各設問ごとに見ていきましょう。

(**1**)「あなたのお父さんのJacquesはこの老人ホームで今は暮らしていますが、いつ入所したのですか」というジャーナリストの質問にLaureは「6年前に、父が右脚をけがしたときです。もう歩けなかったのです」と答えています。第1の質問「6年前、Jacquesには何が起きましたか」はこの部分に対応しています。問題冊子に「(　　)の脚に彼が(　　)した」という意味の文が印刷されていますから、第1と第2の空欄にはLaureが使っている単語を使い、blessé と droite をそれぞれ入れれば正解です。得点率は前者が46%、後者が65%でした。どちらも基本的な語彙ですからさほど問題はないはずです。前者の誤答としてはつづりのミス（*bléssé*、*bressé*、*blaissé* など）をした答案がありました。後者の誤答としては性数一致を忘れて *droit* としたものなどがありました。短い単語なので聞き取れず空欄にした受験者もいました。

『ラルースやさしい仏仏辞典 Niveau 1』の jambe の項を参照し、例文（« Qu'est-ce que je suis fatigué ! Je ne tiens plus sur mes jambes ! » など）を読むだけでなく、説明を確認しておくとよいでしょう。

(2) 第2の質問「Jacques は彼のアパルトマンに住んでいるとき、何をすることを望んでいましたか」はジャーナリストの第2の質問「お父さんはそれまでどこに住んでいたのですか」に対して Laure が「父は55年前からあるアパルトマンに住んでいて、できるだけ長くそこに住みつづけたがっていました」と答えている部分に対応しています。「（　　）年間暮らしていたそのアパルトマンにできるだけ（　　）いたいと望んでいた」という内容の文が問題冊子に印刷されていますから、それぞれの空欄にはインタビューで使われている longtemps（longuement、tard でも可）と 55（cinquante-cinq でも可）をそのまま使って記入すれば正解です。得点率はそれぞれ76%と71%でした。Laure が使っている単語をそのまま書けばよいのですが、最初の空欄に *longtemp* など、第2の空欄に *5*、*50*、*6* などと書いた答案が散見しました。

(3) ジャーナリストが「それではなぜお父さんは引越しを受け入れたのですか」と尋ねると、Laure は「老人ホームが父のよく知っている村にあるからです」と答えています。第3の質問「Jacques はなぜ引越しを受け入れたのですか」はこの部分に対応しています。問題冊子には「老人ホームは彼がよく知っている（　　）に（　　）しているから」という趣旨の文が印刷されていますから、最初の空欄には trouve（trouvait、situe、situait も可）を、第2の空欄には village（endroit、lieu、coin も可）を記入すれば正解です。得点率はそれぞれ84%と91%でした。誤答としては、最初の空欄では *trouvé*、*trove* などの答案が、第2の空欄には *vilage*、*ville* などの答案が散見しました。基本的な語彙ですがふだんから手を使って書いていないとつづりを忘れがちです。

『ラルースやさしい仏仏辞典 Niveau 1』の trouver の項を参照し、設問で使われている用法の例文（« Sais-tu où se trouve la tour Eiffel ? — Oui, à Paris. » など）だけでなく、その他の例文（« Ne me raconte pas d'histoires, il se trouve que j'étais là, par hasard, derrière la porte et j'ai tout entendu. » など）も熟読し、意味が正確に理解できるか、それらの用法が身についているか確認してみましょう。

(4)　ジャーナリストが「お父さんがここに入ったとき、どういう気持ちでしたか」と尋ねると、Laure は「安心しましたが、それと同時に、少しやましく思いました」と答えています。第 4 の質問「父親が老人ホームに入所したとき、Laure はどう感じましたか」はこの部分に対応しています。問題冊子には「彼女は安心したが、それと同時に少し（　　）思った」という趣旨の文が印刷されていますから、インタビューで使われている形容詞をそのまま使い coupable を記入すれば正解です（culpabilisée でも可）。得点率は 56% でした。誤答としては *compable*、*capable*、*copable* などが散見しました。coupable がわからなかったのか、空欄のままの答案もありました。

この機会に『ラルースやさしい仏仏辞典 Niveau 1』の coupable の項を参照し、例文（« On l'a accusé à tort, Paul n'était pas coupable. » など）だけでなく説明も読むと、fautif、responsable、innocent、soupçon、soupçonner など関連する単語の用法が身についているか確認できるでしょう。

(5)　最後にジャーナリストが「結局、お父さんをここに引越させたことを後悔していますか」と尋ねたのに Laure が「いいえ、老人ホームのスタッフは父の世話をよくしてくれますし、父は元気です」と答えています。第 5 の質問「Laure は老人ホームをどう考えていますか」はこの部分に対応しています。「彼女の父親のことをみんながよく（　　）と考えている」という意味の文が問題冊子には印刷されていますから、空欄には occupent を記入すれば正解です。得点率は 40% でした。誤答としては *occupe*、*occupé* などがありました。

インタビューで使われている名詞 personnel が「スタッフ、職員」といった意味で使われることは知っていても、これが集合的な意味をもつことは身についているでしょうか。単数形で使われますが複数の人間を指すわけです。

したがってLaureのセリフ（« Le personnel de la maison s'occupe bien de lui »）では動詞が3人称単数になっていることに注目しましょう。『ラルースやさしい仏仏辞典 Niveau 1』のpersonnelの項を熟読し、例文（« Tout le personnel de l'entreprise est en grève ? » など）を正確に理解できるか、自分でも同じ文を作れるかためしてみるとよいでしょう。

同時に、『ラルースやさしい仏仏辞典 Niveau 1』のoccuperの項も参照して、代名動詞の例文（« Un instant, je m'occupe de vous. » など）だけでなく、その他の用法の例文（« La ligne est occupée, rappelez plus tard. » « Rappelez-moi plus tard, pour l'instant je suis occupé. » など）もよく読み、それらの文を自分でも作れるか確認してみましょう。

解答 (1) (blessé) (droite)　(2) (longtemps) (55 / cinquante-cinq)
(3) (trouve) (village)　(4) (coupable)
(5) (occupent)

2

（読まれるテキスト）

Je suis chauffeur de taxi à Paris depuis 40 ans. Comme j'adore les voitures, je pense que j'étais fait pour cette profession.

J'ai un plan de la ville mais je ne le regarde jamais. En effet, les rues de la capitale n'ont plus de secret pour moi.

Certains de mes passagers sont bavards. J'aime parler avec eux. D'autres préfèrent le silence. Dans ces cas-là, je ne dis rien moi non plus car je ne veux pas les déranger.

Ce qui me plaît avant tout dans mon travail, c'est d'aider les gens qui sont pressés. À Paris, les clients sont très impatients ! Quand il y a trop de circulation, je fais un petit détour. Je roule vite mais sans faire d'excès de vitesse. Et je n'ai jamais eu d'accident.

（読まれる内容について述べた文）

un : Charles est chauffeur de taxi depuis 14 ans.
deux : Charles pense que le métier de chauffeur de taxi est idéal pour lui.
trois : Charles n'a pas de plan de Paris.
quatre : Charles connaît mal les rues du sud de la capitale.
cinq : Charles discute avec chacun de ses passagers.
six : Charles aime aider les clients pressés.
sept : Selon Charles, ses clients sont plutôt patients.
huit : Si c'est nécessaire, Charles est prêt à faire des détours.
neuf : Charles ne roule jamais trop vite.
dix : Jusqu'ici, Charles n'a eu que deux accidents.

解説 ある程度の長さの文章を聞き、つづいて、その内容について述べた10の短文を聞き、それぞれについて正誤を判断する問題です。最初に問題文が2回読まれます。1回目は、どんな人が語っているのか、いつ、だれが、どこで、何をしたのかといったことに気をつけながら全体を理解していきましょう。2回目はポイントになりそうなところ、時間、数字などをメモしながら聞くとよいでしょう。つづいて10の短文が読まれます。それぞれについて記憶とメモを頼りに正誤を判断してください。10の短文がもう1回読まれるときに、聞きまちがいがないかをチェックし、あやふやなところはこのときに確認しましょう。最後に問題文がもう1回読まれます。10の短文に関連するところに注意しながらよく聞き、正誤を最終確認するとよいでしょう。

今回は、Charlesという男性がParisでタクシーの運転手をしている話です。問題全体の得点率は67%で、例年より低い結果でした。10の短文をそれぞれ見ていきましょう。

(1)「Charlesは14年前からタクシーの運転手をしている」という文です。

本文第1段落第1文でCharlesは「40年前から私はParisでタクシーの運転手をしています」と語っていますから、この短文は本文の内容に一致していません。得点率は78%でした。

(**2**) 「Charlesはタクシー運転手という職業が彼にとって理想的だと思っている」という文です。本文第1段落第2文で「車が大好きなので、私は自分がこの職業に向いていたと思います」とCharlesは語っています。したがって表現がちがうだけで、短文が本文の内容に一致していると容易に判断できるでしょう。得点率は74%でした。

短文で使われている形容詞idéalの男性形複数を正しく書けますか。あやふやな場合には『ラルースやさしい仏仏辞典 Niveau 1』のidéalの項で確認してみましょう。ついでに例文（« Arrêtons-nous ici, c'est l'endroit idéal pour se reposer. » など）と解説も熟読すると語彙をふやしたり自分で使いこなしたりできるでしょう。

(**3**) 「CharlesはParisの地図をもっていない」という文です。本文第2段落第1文でCharlesは「この都市の地図はもっていますが、それを見ることはまったくありません」と語っていますから、短文が本文の内容に一致していないことがわかります。得点率は72%でした。

「地図」に対応するフランス語の単語としてはcarteとplanを思いつくでしょうが、ちがいは身についているでしょうか。前者が国や地方の地図、後者が都市や町内の地図という使い分けがあることは知っておくとよいでしょう。そのうえで『ラルースやさしい仏仏辞典 Niveau 1』のcarteとplanの項の例文 « Regarde la carte : je ne me souviens plus à quel endroit on doit tourner pour trouver la route de Paris. » と « Je ne sais pas aller chez les Durand : tu as un plan de Paris sur toi ? » を見くらべることは有益でしょう。

(**4**) 「Charlesは首都の南部の通りはよく知らない」という文です。本文第2段落第2文で、地図を見ない理由として「というのも、首都の道は私にとって謎などありませんから」とCharlesは語っていますから、Parisのどの地区の道も熟知していることがわかります。したがって短文は本文の内容に一致していません。得点率は67%でした。

本文と短文で使われているrueが(3)の解説であげた例文中のrouteとど

うちがうか理解できているでしょうか。前者が町のなかの道で両側に建物が建っているのがふつうであるのに対し、後者は町と町を結ぶ道であり、両側に建物がないことを想定していることは知っていてよいでしょう。そのちがいから、dans la rue と sur la route という前置詞の使い分けが生じるわけです。

『ラルースやさしい仏仏辞典 Niveau 1』の route と rue の項を参照し、さまざまな例文（« Vous n'allez quand même pas vous installer au bord de la route pour déjeuner ! » « J'ai rencontré Jacques dans la rue de Rivoli. » など）と解説を熟読するよい機会でしょう。

(5)「Charles は客のだれとでも話をする」という文です。本文第 3 段落で「私の客のなかにはおしゃべりな人たちがいて、彼らと話すのが私は好きですが、黙っているほうを好む人たちもいるので、その場合には私もなにも言いません。じゃまをしたくありませんから」と Charles は語っています。したがって、おしゃべりが好きではない客とは話をしないわけですから、短文は本文の内容に一致していません。得点率は 50%でした。

(6)「Charles は急いでいる客の役に立つことが好きである」という文です。本文第 4 段落第 1 文で「私が仕事でなによりも好きなのは、急いでいる人たちの役に立つことです」と Charles が語っていますから、表現はちがいますが、短文は本文の内容に一致しています。得点率は 74%でした。

『ラルースやさしい仏仏辞典 Niveau 1』の plaire の項を参照し、本文で使われている plaire à qqn の構文の例文（« Catherine ne fait que ce qui lui plaît, que ce dont elle a envie ! » など）を熟読するだけでなく、代名動詞 se plaire の用法も例文（« Je me plais beaucoup dans ma maison de campagne et j'y vais chaque fois que je peux. » など）を読んで理解しておくとよいでしょう。

(7)「Charles によると、彼の客はどちらかと言うと忍耐強い」という文です。本文第 4 段落第 2 文で「Paris では客たちはとても短気です」と Charles は語っていますから、短文は本文の内容に一致していません。impatients と patients をきちんと区別して聞き取ることができなかった受験者が多かったようで、得点率は 40%でした。

『ラルースやさしい仏仏辞典 Niveau 1』の impatient と patient の項を参照してみましょう。例文（« Oh ! et Julien qui n'arrive pas ! Mais qu'est-ce qu'il fait ? — Écoute, tu es bien impatiente, il n'est pas en retard. » « Si vous êtes patient, venez maintenant, mais il y a quinze personnes avant vous. » など）だけでなく、解説と同義表現、派生語にも注目すると、pressé、nerveux、calme、avoir hâte de、impatience、s'impatienter、impatiemment、patience、savoir attendre ou supporter などの用法も身につけることができるでしょう。

(8)「必要な場合には Charles は迂回することもある」という文です。本文第4段落第3文で「交通量が多すぎるときは、少し迂回します」と Charles は述べていますから、短文は本文の内容に一致しています。得点率は77%でした。

『ラルースやさしい仏仏辞典 Niveau 1』の circulation の項を参照し、同義語 embouteillage と bouchon を確認するだけでなく、例文（« Tu as vu la circulation qu'il y a ce soir, je ne sais pas à quelle heure on va arriver ! » など）をよく読んで自分でも同じ文が作れるかためしてみることをおすすめします。

(9)「Charles はけっしてスピードを出しすぎない」という文です。本文第4段落第4文で「私はスピードは出しますが速度違反はしません」と Charles は語っていますから、短文は本文の内容に一致しています。得点率は58%でした。vite が本文にも短文にもあることだけに注目するのではなく、文意をよく考える必要があります。

『ラルースやさしい仏仏辞典 Niveau 1』の excès の項にはさまざまな例文（« Je n'ai pas fait d'excès à midi, je n'ai mangé que de la salade ! » など）とくわしい解説が載っています。よく読んで自分でも同じ文が作れるようにしておくと、本文で使われている sans faire d'excès de vitesse をしっかり聞き取って理解することができるでしょう。

(10)「Charles は今まで2回しか事故にあっていない」という文です。本文最後の文で「私は事故にあったことは1度もありません」と Charles は語っていますから、短文は本文の内容に一致していません。得点率は82%でした。

解答　(1) ②　(2) ①　(3) ②　(4) ②　(5) ②
(6) ①　(7) ②　(8) ①　(9) ①　(10) ②

1次試験配点表

筆記試験	1	2	3	4	5	6	7	小計	書き取り	小計	聞き取り	1	2	小計	合計
	4点	10	10	10	10	14	10	68		14		8	10	18	100

2 次 試 験

解 説

面接試験は、フランス語を第一言語とする委員と日本語を第一言語とする委員が1組になっておこないます。試験時間は約5分です。明るく Bonjour ! とあいさつしながら入室しましょう。面接委員が受験者の名前を確認したあと、あらかじめ用意された質問のなかから受験者に適切と思われるものを選んで質問します。それを糸口にして会話が始まります。

2級の面接試験では、日常生活と関連のある話題について基本的なフランス語表現を使ってコミュニケーションをすることができるかどうかが問われます。したがって、リラックスして会話を楽しもうという姿勢が大切です。どんな質問をされても、母語で会話をするときと同じように自分の答えやすい形で答え、さらに、自分の話したいことを追加していけば、面接委員との間に自然な会話が進んでいきます。

質問がよく聞き取れなかったり、質問の意味がよくわからなかったりした場合は、あわてることなく、Je n'ai pas bien compris, vous pouvez répéter, s'il vous plaît ? などと言って、質問を繰り返してもらったり、わかりやすく言いかえてもらったりしましょう。とまどって黙ってしまってはいけません。

質問に答える際には、問われたことに単語1語だけで答えるのは避けたほうがよいでしょう。Oui か Non だけで答えたり、名詞1語で答えたりするより、できるだけ主語と述語をそろえた文にして答えましょう。複雑な構文やむずかしい単語を使う必要はありませんから、簡単な構文で自分の言いたいことを落ちついて話していけばよいでしょう。質問されたことから出発して適当なエピソードなども思いつけば、それを話してみることも悪くありません。質問に対する答え自体には正答も誤答もありません。あくまで会話を始めるきっかけにすぎないのです。面接委員は、その質問を出発点にして受験者がどれだけ充実した会話をつづける能力をもっているのかを見きわめようとしています。ゆっくりでいいですからていねいに文を組み立てながら、できるだけ積極的に自分のことを面接委員に伝えることが大切です。

試験時間が終了して退室するときは、Au revoir, bonne journée ! などとあいさつをして退出しましょう。

面接試験の対策としては、まずはできるだけフランス語を聞く機会をふやすことです。面接委員の質問が聞き取れなくては困りますから。教材の音源以外にも、インターネットや映画など、さまざまなメディアを活用し、日常的にフランス語の音声にふれて耳を慣らすように心がけましょう。ラジオなどでよくインタビューが流れていますから、そういった番組を聞いてみることもよいでしょう。年配の人が話すフランス語は比較的聞き取りやすいものです。

自分でフランス語を話す機会をなるべく作ることも大切です。フランス語を第一言語とする話者と話す機会がなくても、同じようにフランス語を学ぶ日本語話者どうしでフランス語の会話をしてみるのもよいでしょう。あるいは、いままで出された2次試験の問題をもとに、自分でフランス語の答えを書いてみて、それを何度も発音するといった練習方法もあるでしょう。気に入ったフランス語の文章を暗唱してみるのもよいかもしれません。フランス語を発音することへの心理的抵抗をなくすのが重要です。

準2級

準 2 級の内容と程度

●程 度

日常生活における平易なフランス語を、読み、書き、聞き、話すことができる。ヨーロッパ言語共通参照枠（CEFR）の A2 にほぼ対応しています。

標準学習時間：300 時間以上

●試験内容

読 む	一般的な内容で、ある程度の長さの平易なフランス語の文章を理解できる。
書 く	日常生活における平易な文や語句を正しく書ける。
聞 く	日常的な平易な会話を理解できる。
話 す	簡単な応答ができる。
文法知識	基本的文法事項全般についての十分な知識。

語彙：約 2,300 語

●試験形式

1 次試験（100 点）

筆 記	問題数 7 問、配点 70 点、試験時間 75 分。マークシート方式、一部記述式。
書き取り	問題数 1 問、配点 12 点。試験時間（下記聞き取りと合わせて）約 25 分。
聞き取り	問題数 2 問、配点 18 点。語記入、マークシート方式。

2 次試験（30 点）

個人面接試験	提示された文章を音読し、その文章とイラストについての簡単なフランス語の質問にフランス語で答える。 試験時間約 5 分。

準2級の傾向と対策

2006年度に新設された準2級も17年を経ました。試験の程度は、「日常生活における平易なフランス語を、読み、書き、聞き、話すことができる」に設定されており、300時間程度フランス語を学習した受験者を想定しています。3級は、一通りフランス語の基本的事項を修得した受験者を対象にした試験ですが、準2級では、基本的事項を確実に身につけ、それを日常レベルで応用できるとともに、基本的知識からもう一歩進んだフランス語力を備えていることが求められます。

準2級は、2級と3級の間にありますが、レベル的には3級のほうにやや近いと言えるでしょう。「一般的なフランス語を、読み、書き、聞き、話すことができる」ことを要求される2級は、実用フランス語としてはかなりのレベルです。準2級は、基本的なフランス語力を基盤として、日常レベルで、ある程度実用性のあるフランス語力を身につけつつある学習者のための試験です。大学などでフランス語関連分野を専攻している人にとっては2年次での目標となるでしょうし、大学で第2外国語として学習している人や仕事をしながら外国語学校で学んでいる人にとっては、日常生活で実際に役に立つレベルのフランス語を身につけたことを証明する試験となるでしょう。

出題の範囲ですが、文法的にはフランス語の基本文法全般を理解していることが求められます。語彙は、2,300語に設定されています。具体的な学習の目安としては、日本で広く使用されている学習辞典（『クラウン仏和辞典』、『Le　Dicoディコ仏和辞典』、『プチ・ロワイヤル仏和辞典』、『プログレッシブ仏和辞典』、『ジュネス仏和辞典』など）でアステリスクが2つ以上ついている語とその派生語は出題範囲の語だと思ってください。

さて、以上をふまえて受験対策ですが、まず、文法知識としては、基本文法書あるいは参考書をマスターすることが基盤となります。準2級から本格化する長文問題については、適切な教材が充実しているとは言えないのが現状です。フランスの新聞や週刊誌、インターネットの記事などは、一般に語彙や表現の点で準2級のレベルを超えています。準2級で出題されるのは、これらの記事の難度を下げて平易にしたレベルの文章です。現時点では、この『仏検公式ガイドブック準2級』収録の長文問題に取り組み、その解説を読むことがよい練習になるでしょう。書き取り・聞き取り試験対策としては、なんといっても数多くフランス語の文章を聞くことです。インターネットでフランス語のラジオをリアルタイムで聞くことができますし、フランスの放送局 TV5 の放送が日本でも日常的に見られるようになっています。フランス語学校などに通学する機会のない勤労者や地方在住者にとって、メディアの利用は大変有効です。

準2級からは、記述式問題がふえます。選択式の問題とちがって記述式の問題では、当然ながら、正確に単語が書けなければ得点できません。日ごろから、アクサン記号の有無、アクサン記号の種類をふくめ、語を正確につづることを心がけましょう。準2級にかぎらず、仏検全般にわたって、記述式問題の得点率は、選択式問題の得点率を大きく下まわっています。3級とくらべて、記述式問題の比重が次第に増していく準2級以上の級では、記述式問題の得点が合否を左右すると言っても過言ではありません。

それでは、以下、過去に出題された問題によって、正解にいたる道を具体的に解説していきます。まず、試験本番のつもりで問題を解き、そのあと、解説にしたがって解答プロセスを確認してください。

解答用紙（雛型）（67%縮小）

2023年度　秋季　実用フランス語技能検定試験（準２級）筆記試験　解答用紙

会　場　名

氏　名

会場コード					
⓪	⓪	⓪	⓪	⓪	⓪
①	①	①	①	①	①
②	②	②	②	②	②
③	③	③	③	③	③
④	④	④	④	④	④
⑤	⑤	⑤	⑤	⑤	⑤
⑥	⑥	⑥	⑥	⑥	⑥
⑦	⑦	⑦	⑦	⑦	⑦
⑧	⑧	⑧	⑧	⑧	⑧
⑨	⑨	⑨	⑨	⑨	⑨

受験番号							
⓪	⓪	⓪	⓪	⓪	⓪	⓪	⓪
①	①	①	①	①	①	①	①
②	②	②	②	②	②	②	②
③	③	③	③	③	③	③	③
④	④	④	④	④	④	④	④
⑤	⑤	⑤	⑤	⑤	⑤	⑤	⑤
⑥	⑥	⑥	⑥	⑥	⑥	⑥	⑥
⑦	⑦	⑦	⑦	⑦	⑦	⑦	⑦
⑧	⑧	⑧	⑧	⑧	⑧	⑧	⑧
⑨	⑨	⑨	⑨	⑨	⑨	⑨	⑨

記入およびマークについての注意事項

1. 解答にはかならずHBまたはBの黒鉛筆（シャープペンシルも可）を使用してください。ボールペンや万年筆等でマークした解答は機械による読み取りの対象とならないため、採点されません。
2. 記入は**太線の枠内**に、マークは◯の中を**正確に塗りつぶしてください**（下記マーク例参照）。
   採点欄は塗りつぶさないでください。
3. 訂正の場合は、プラスチック製消しゴムできれいに消してください。
4. **解答用紙を折り曲げたり、破ったり、汚したりしないでください。**

マーク例

良い例	悪い例
●	

1

解答番号	解答欄
(1)	① ② ③ ④ ⑤ ⑥
(2)	① ② ③ ④ ⑤ ⑥
(3)	① ② ③ ④ ⑤ ⑥
(4)	① ② ③ ④ ⑤ ⑥

2

解答番号	解答欄	採点欄
(1)		② ⓪
(2)		② ⓪
(3)		② ⓪
(4)		② ⓪
(5)		② ⓪

3

解答番号	解答欄	採点欄
(1)		② ⓪
(2)		② ⓪
(3)		② ⓪
(4)		② ⓪
(5)		② ⓪

4

解答番号	解答欄
(1)	① ② ③ ④ ⑤ ⑥ ⑦
(2)	① ② ③ ④ ⑤ ⑥ ⑦
(3)	① ② ③ ④ ⑤ ⑥ ⑦
(4)	① ② ③ ④ ⑤ ⑥ ⑦
(5)	① ② ③ ④ ⑤ ⑥ ⑦

5

解答番号	解答欄
(1)	① ② ③
(2)	① ② ③
(3)	① ② ③
(4)	① ② ③
(5)	① ② ③

6

解答番号	解答欄
(1)	① ②
(2)	① ②
(3)	① ②
(4)	① ②
(5)	① ②
(6)	① ②

7

解答番号	解答欄
(1)	① ② ③
(2)	① ② ③
(3)	① ② ③
(4)	① ② ③
(5)	① ② ③

表面

2023年度　秋季　実用フランス語技能検定試験（準２級）書き取り／聞き取り　試験　解答用紙

会　場　名

氏　名

会場コード					
⓪	⓪	⓪	⓪	⓪	⓪
①	①	①	①	①	①
②	②	②	②	②	②
③	③	③	③	③	③
④	④	④	④	④	④
⑤	⑤	⑤	⑤	⑤	⑤
⑥	⑥	⑥	⑥	⑥	⑥
⑦	⑦	⑦	⑦	⑦	⑦
⑧	⑧	⑧	⑧	⑧	⑧
⑨	⑨	⑨	⑨	⑨	⑨

受験番号							
⓪	⓪	⓪	⓪	⓪	⓪	⓪	⓪
①	①	①	①	①	①	①	①
②	②	②	②	②	②	②	②
③	③	③	③	③	③	③	③
④	④	④	④	④	④	④	④
⑤	⑤	⑤	⑤	⑤	⑤	⑤	⑤
⑥	⑥	⑥	⑥	⑥	⑥	⑥	⑥
⑦	⑦	⑦	⑦	⑦	⑦	⑦	⑦
⑧	⑧	⑧	⑧	⑧	⑧	⑧	⑧
⑨	⑨	⑨	⑨	⑨	⑨	⑨	⑨

記入およびマークについての注意事項

1. 解答にはかならずHBまたはBの黒鉛筆（シャープペンシルも可）を使用してください。ボールペンや万年筆等でマークした解答は機械による読み取りの対象とならないため、採点されません。
2. 記入は**太線の枠内**に、マークは◯の中を**正確に塗りつぶしてください**（下記マーク例参照）。
   採点欄は塗りつぶさないでください。
3. 訂正の場合は、プラスチック製消しゴムできれいに消してください。
4. **解答用紙を折り曲げたり、破ったり、汚したりしないでください。**

マーク例

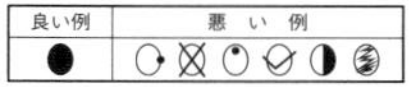

書き取り試験注意事項　（書き取り試験解答欄は裏面にあります。）

フランス語の文章を、次の要領で４回読みます。全文を書き取ってください。

- １回目、２回目は、ふつうの速さで全文を読みます。内容をよく理解するようにしてください。
- ３回目は、ポーズをおきますから、その間に書き取ってください（句読点も読みます）。
- 最後に、もう１回ふつうの速さで全文を読みます。
- 読み終わってから２分後に、聞き取り試験にうつります。
- 数を書く場合は、算用数字で書いてかまいません。（配点　12）

書き取り試験

採　点　欄
⓪ ① ② ③ ④ ⑤ ⑥ ⑦ ⑧ ⑨
⑩ ⑪ ⑫

聞き取り試験

1

解答番号	解　答　欄	採点欄
(1)		① ⓪
		① ⓪
(2)		① ⓪
		① ⓪
(3)		① ⓪
(4)		① ⓪
		① ⓪
(5)		① ⓪

2

解答番号	解　答　欄
(1)	① ②
(2)	① ②
(3)	① ②
(4)	① ②
(5)	① ②
(6)	① ②
(7)	① ②
(8)	① ②
(9)	① ②
(10)	① ②

裏面

準２級書き取り試験　解答欄

2023年度春季
実用フランス語技能検定試験
筆記試験問題冊子　〈準 2 級〉

問題冊子は試験開始の合図があるまで開いてはいけません。

筆 記 試 験	10 時 00 分 ～ 11 時 15 分 (休憩 20 分)	
書き取り 聞き取り	試験	11 時 35 分から約 25 分間

◇**筆記試験と書き取り・聞き取り試験の双方を受験しないと欠席になります。**

◇問題冊子は表紙を含め 12 ページ、全部で 7 問題です。

注　意　事　項

1　途中退出はいっさい認めません。

2　筆記用具は **HB または B の黒鉛筆** (シャープペンシルも可) を用いてください。ボールペンや万年筆等でマークした解答は機械による読み取りの対象とならないため、採点されません。

3　解答用紙の所定欄に、**受験番号**と**カナ氏名**が印刷されていますから、まちがいがないか、**確認**してください。

4　**マーク式の解答は、解答用紙の解答欄にマークしてください。**たとえば、1 の (1) に対して ③ と解答する場合は、次の例のように解答欄の ③ にマークしてください。

例　**1**

解答番号	解　答　欄
(1)	① ② ● ④ ⑤ ⑥

5　記述式の解答の場合、正しく判読できない文字で書かれたものは採点の対象となりません。

6　解答に関係のないことを書いた答案は無効にすることがあります。

7　解答用紙を折り曲げたり、破ったり、汚したりしないように注意してください。

8　問題内容に関する質問はいっさい受けつけません。

9　不正行為者はただちに退場、それ以降および来季以後の受験資格を失うことになります。

10　**携帯電話等の電子機器の電源はかならず切って、かばん等にしまってください。**通信機能のある時計は使用を禁じます。

11　**時計のアラームは使用しないでください。**

12　この試験問題の複製 (コピー) を禁じます。また、この試験問題の一部または全部を当協会の許可なく他に伝えたり、漏えいしたりすることを禁じます (インターネットや携帯サイト等に掲載することも含みます)。

1　次の (1) ～ (4) の (　　) 内に入れるのにもっとも適切なものを、下の ① ～ ⑥ のなかから 1 つずつ選び、解答欄のその番号にマークしてください。ただし、同じものを複数回用いることはできません。(配点　8)

(1) Je suis heureux d'avoir fait connaissance (　　) ton père.

(2) Les enfants sont assis (　　) terre.

(3) Tu couperas ce gâteau (　　) six.

(4) Vous devez aller voir le médecin (　　) maintenant.

① avec	② derrière	③ dès
④ en	⑤ par	⑥ selon

(解説・解答 ▶ p.156)

2

次のフランス語の文 (1) ～ (5) が、それぞれあたえられた日本語の文が表わす意味になるように、(　　) 内に入れるのにもっとも適切な語 (各 1 語) を、**示されている最初の文字とともに、**解答欄に書いてください。(配点　10)

(1) Ce n’est pas la (p　　).
その必要はありません。

(2) Cette place est (l　　) ?
この席は空いてますか。

(3) En ce (m　　), on est en vacances.
今、私たちは休暇中です。

(4) Je voudrais te demander un petit (s　　).
ちょっとお願いがあるんだけど。

(5) Je vous (d　　) combien ?
おいくらですか。

(解説・解答 ▶ p.157)

3　次の (1) ～ (5) について、**A**、**B** がほぼ同じ意味になるように、(　　) 内に入れるのにもっとも適切なものを、下の語群から1つずつ選び、必要な形にして解答欄に書いてください。ただし、同じものを複数回用いることはできません。(配点　10)

(1) **A** André souhaite te recevoir à dîner chez lui.

B André souhaite que tu (　　) dîner chez lui.

(2) **A** Cette route vous mènera au centre-ville.

B Si vous suivez cette route, vous (　　) au centre-ville.

(3) **A** Hier, j'ai laissé mon fils utiliser ma voiture.

B Hier, mon fils (　　) de ma voiture avec ma permission.

(4) **A** Quel est le poids de cette valise ?

B Combien (　　) cette valise ?

(5) **A** Ses parents doutaient de son succès.

B Ses parents ne (　　) pas en son succès.

arriver	croire	inviter	peser
prêter	se servir	venir	

(解説・解答 ▶ p.159)

4　次の対話 (1) ～ (5) の (　　) 内に入れるのにもっとも適切なものを、下の ① ～ ⑦ のなかから 1 つずつ選び、解答欄のその番号にマークしてください。ただし、同じものを複数回用いることはできません。なお、① ～ ⑦ では、文頭にくるものも小文字にしてあります。(配点　10)

(1) — Regarde. Il y a des enfants qui pleurent.
— (　　) se passe-t-il ?

(2) — Sarah a vécu très longtemps en Asie.
— C'est pour ça qu'elle parle plusieurs langues, (　　) le japonais.

(3) — Ta voisine a une nouvelle voiture ?
— Oui, mais sa voiture est moins grande que (　　).

(4) — Ton grand frère a beaucoup changé ?
— Non, il est resté (　　).

(5) — Tu peux m'aider en maths ?
— Moi non, mais demande à Annie. Elle est forte en (　　).

① aucun　　② dont　　③ la mienne　　④ le même
⑤ que　　⑥ rien　　⑦ tout

(解説・解答 ▶ p.162)

5 次の文章を読み、(1)～(5)に入れるのにもっとも適切なものを、それぞれ右のページの ① ～ ③ のなかから1つずつ選び、解答欄のその番号にマークしてください。(配点 10)

Lorenz Schmitt, 78 ans, vit depuis longtemps dans une maison de retraite. Jusqu'à l'année dernière, il passait la plupart de son temps à jouer aux cartes avec d'autres pensionnaires*. Mais cela les ennuyait. (1), il a proposé** un jour à Elsa Muller, la directrice de la maison, de faire de la bière. Pendant plus de 40 ans, ça avait été le métier de monsieur Schmitt, qui travaillait dans une brasserie*** à Strasbourg. Il voulait rendre sa vie et celle des autres pensionnaires plus intéressantes en (2). Madame Muller, d'abord étonnée, a finalement répondu : « Pourquoi pas ? » Elle a (3) que cette nouvelle activité semblait plaire aux pensionnaires. (4) la maison produit aujourd'hui 30 litres par semaine. C'est très peu, mais c'est assez pour que ses pensionnaires boivent de temps en temps quelques bières. « Ils (5) qu'avant », dit Elsa Muller, contente.

* pensionnaire : 居住者
** proposer : 提案する
*** brasserie : ビール工場

(1) ① Alors
② Au contraire
③ En effet

(2) ① faisant profiter tout le monde de son expérience
② oubliant son désir
③ se moquant des autres

(3) ① craint tout de suite
② enfin remarqué
③ eu du mal à expliquer

(4) ① C'est comme ça que
② C'est dommage que
③ On ne sait pas pourquoi

(5) ① ont l'air plus tristes
② se taisent autant
③ sourient plus

（解説・解答 ▶ p.164）

6 次の文章を読み、右のページの (1) ～ (6) について、文章の内容に一致する場合は解答欄の ① に、一致しない場合は ② にマークしてください。(配点　12)

L'an dernier, Vincent et sa femme ont fait construire leur maison et ils ont fait installer des panneaux solaires* sur le toit. Un des collègues de Vincent leur avait recommandé cet appareil en leur expliquant comment demander des aides financières** de l'État. Grâce à ces conseils, ils ont pu les recevoir facilement. Le prix total des panneaux était de 16 000 euros, mais ils n'ont dû en payer que la moitié. Et maintenant, ils peuvent vendre le surplus*** d'électricité.

Ces panneaux solaires marchent même avec une faible lumière. De plus, ils produisent à la fois de l'électricité et de l'eau chaude. Ainsi, Vincent, sa femme et son fils prennent des douches deux fois par jour avec l'eau chauffée sur le toit. Vincent trouve les panneaux solaires vraiment utiles. Dans le futur, la famille compte acheter une voiture électrique et la conduire avec l'électricité « faite à la maison ».

* panneau solaire : 太陽光パネル
** financier : 財政的な
*** surplus : 余剰分・余り

(1) Vincent et sa famille habitent dans leur maison depuis plus de trois ans.

(2) C'est un collègue de Vincent qui a recommandé les panneaux solaires.

(3) Pour Vincent et sa femme, cela a été difficile de recevoir les aides financières de l'État.

(4) Vincent et sa femme ont dépensé environ 8 000 euros pour les panneaux solaires.

(5) Les panneaux solaires ne marchent pas si la lumière est faible.

(6) Vincent, sa femme et son fils prennent des douches avec l'eau chaude produite par les panneaux solaires.

(解説・解答 ▶ p.166)

7　次の会話を読み、(1)～(5)に入れるのにもっとも適切なものを、それぞれ右のページの ① ～ ③ のなかから 1 つずつ選び、解答欄のその番号にマークしてください。(配点 10)

Mayu : Demain, j'irai dans la montagne chercher des champignons*.
Olivier : Ah bon ? Tu y (1) ?
Mayu : Non, j'y vais avec mon grand-père. Tu veux venir avec nous ?
Olivier : Euh, ça a l'air intéressant mais (2), j'ai peur de ramasser des champignons vénéneux**.
Mayu : Tu as raison. Il faut (3) pour ne pas se tromper.
Olivier : Tu connais bien les champignons, toi ?
Mayu : Non, mais j'ai confiance en mon grand-père, (4) il sait tout de la montagne.
Olivier : (5), je vous accompagne !
Mayu : Parfait ! Nous viendrons te prendre chez toi demain matin.

* champignon : キノコ
** vénéneux : 毒のある

(1) ① passeras beaucoup de temps
② vas souvent
③ vas toute seule

(2) ① je n'ai aucune difficulté
② je n'en trouve pas
③ j'hésite un peu

(3) ① faire attention
② ne pas réfléchir
③ tout essayer

(4) ① autant qu'
② de sorte qu'
③ parce qu'

(5) ① Cela m'est égal
② Dans ce cas
③ Malgré tout

（解説・解答 ▶ p.168）

2023年度春季
実用フランス語技能検定試験
聞き取り試験問題冊子　〈準 2 級〉

書き取り・聞き取り試験時間は、
11 時 35 分 か ら 約 25 分 間

先に書き取り試験をおこないます。解答用紙表面の書き取り試験注意事項をよく読んでください。書き取り試験解答欄は裏面にあります。

この冊子は指示があるまで開かないでください。

◇**筆記試験と書き取り・聞き取り試験の双方を受験しないと欠席になります。**

◇問題冊子は表紙を含め 4 ページ、全部で 2 問題です。

書き取り・聞き取り試験注意事項

1　途中退出はいっさい認めません。
2　書き取り・聞き取り試験は、CD・テープでおこないます。
3　解答用紙の所定欄に、**受験番号**と**カナ氏名**が印刷されていますから、まちがいがないか、**確認**してください。
4　CD・テープの指示にしたがい、中を開いて、日本語の説明をよく読んでください。フランス語で書かれた部分にも目を通しておいてください。
5　解答はすべて別紙の書き取り・聞き取り試験解答用紙の解答欄に、**HB または B の黒鉛筆**（シャープペンシルも可）で記入またはマークしてください。ボールペンや万年筆等でマークした解答は機械による読み取りの対象とならないため、採点されません。
6　問題内容に関する質問はいっさい受けつけません。
7　**携帯電話等の電子機器の電源はかならず切って、かばん等にしまってください。**通信機能のある時計は使用を禁じます。
8　**時計のアラームは使用しないでください。**
9　この試験問題の複製（コピー）を禁じます。また、この試験問題の一部または全部を当協会の許可なく他に伝えたり、漏えいしたりすることを禁じます（インターネットや携帯サイト等に掲載することも含みます）。

書き取り・聞き取り試験

書き取り試験

注意事項

フランス語の文章を、次の要領で 4 回読みます。全文を書き取ってください。

- 1 回目、2 回目は、ふつうの速さで全文を読みます。内容をよく理解するようにしてください。
- 3 回目は、ポーズをおきますから、その間に書き取ってください（句読点も読みます）。
- 最後に、もう 1 回ふつうの速さで全文を読みます。
- 読み終わってから 2 分後に、聞き取り試験にうつります。
- 数を書く場合は、算用数字で書いてかまいません。（配点　12）

[音声を聞く順番]　⑮ → ⑮ → ⑯ → ⑮

（解説・解答 ▶ p.171）

聞き取り試験

1

- まず、Léo と Sophie の会話を聞いてください。
- つづいて、それについての 5 つの質問を読みます。
- もう 1 回、会話を聞いてください。
- もう 1 回、5 つの質問を読みます。1 問ごとにポーズをおきますから、その間に、答えを解答用紙の解答欄にフランス語で書いてください。
- それぞれの（　　）内に 1 語入ります。
- 答えを書く時間は、1 問につき 10 秒です。
- 最後に、もう 1 回会話を聞いてください。
- 数を記入する場合は、算用数字で書いてください。

（メモは自由にとってかまいません）（配点　8）

[音声を聞く順番]　⑰ → ⑱ → ⑰ → ⑲ → ⑰

(1)　Il lui donne un (　　　) qui vient de (　　　).

(2)　Il est (　　　) dans une (　　　).

(3)　Oui. Il travaille toute la (　　　), souvent jusqu'à (　　　).

(4)　Non, elle trouve qu'il est plus (　　　) de passer du temps avec sa famille.

(5)　Elle donnera ses (　　　) à Léo.

（解説・解答 ▶ p.172）

2

- まず、Céline の話を 2 回聞いてください。
- 次に、その内容について述べた文 (1) ～ (10) を 2 回通して読みます。それぞれの文が話の内容に一致する場合は解答欄の ① に、一致しない場合は ② にマークしてください。
- 最後に、もう 1 回 Céline の話を聞いてください。
（メモは自由にとってかまいません）（配点　10）

［音声を聞く順番］ ⓴ → ⓴ → ㉑ → ㉑ → ⓴

（解説・解答 ▶ p.176）

2　次　試　験

試験方法

○2次試験は個人面接です。（面接時間：約5分）
○係員の指示で、ひとりずつ面接室に入ります。
○入室したら面接委員が着席するよう日本語で指示します。
○着席すると、面接委員が受験者の名前と受験級を日本語で確認します。
○次に面接委員が、フランス語の文とイラストがある「問題カード」をわたし、黙読するように指示します。黙読の時間は1分間です。このとき、イラストもよく見ておいてください。
○黙読が終わると、次に音読するように指示されます。よく聞こえるように読んでください。
○音読が終わると、面接委員が「問題カード」の文の内容およびイラストに関してフランス語で5つの質問をしますから、フランス語で答えてください。答える際に「問題カード」を見てもかまいません。
○質問が終わると、面接委員がその旨を告げますから、「問題カード」を面接委員にかえして退室します。

＊注意＊　試験入室前に携帯電話等の電子機器の電源を切ってください。

2023年度春季実用フランス語技能検定試験　準2級2次試験

問題カードA

㉒

Au début de l'été, Manon et ses frères ont emmené leurs cent-quarante vaches à la montagne. Pendant quatre mois, ils resteront là pour les garder. Et en octobre, ils reviendront au village avec les bêtes.

問題カードA

A （2023年度春季）

㉓

Question 1 : Où est-ce que Manon et ses frères ont emmené leurs cent-quarante vaches ?

Question 2 : Quand est-ce que Manon et ses frères reviendront au village ?

Question 3 : On voit combien de voitures ?

Question 4 : La vache à droite, qu’est-ce qu’elle a sur la tête ?

Question 5 : Quel temps fait-il ?

（解説・解答例 ▶ p.182）

2023年度春季実用フランス語技能検定試験　準2級2次試験

問題カードB

㉔

Noémie a longtemps habité en ville. Maintenant, elle habite dans une région où il y a beaucoup de forêts. Elle est contente parce qu'elle adore la nature. En novembre, elle peut admirer les feuilles d'automne.

問題カードB

B （2023年度秋季）

㉕

Question 1：Noémie, où est-ce qu'elle a longtemps habité ?

Question 2：Pourquoi Noémie est contente ?

Question 3：Combien de chevaux y a-t-il ?

Question 4：La femme, qu'est-ce qu'elle porte au bras gauche ?

Question 5：Le garçon, qu'est-ce qu'il fait ?

（解説・解答例 ▶ p.184）

2023年度春季準2級

2023年度春季の準2級出願者数は、1次試験免除者数48名を合わせて1159名、実受験者数は993名でした。1次試験の平均点は62点（満点100点）、合格基準点は58点、合格者は591名、合格率は59.5％でした。前年度春季と比較すると、平均点、合格基準点ともに2点上がりました。

2次試験の受験者は、1次試験免除者48名をふくめた615名で、合格基準点は18点（満点30点）、合格者数は547名、最終合格率は53.8％でした。

出題内容のあらまし

1 次［筆記］

1 前置詞（穴うめ・選択）
2 フランス語文の完成（和訳／穴うめ・記述）
3 フランス語文の完成（動詞を選択活用／穴うめ・記述）
4 対話文完成（穴うめ・選択）
5 長文完成（老人ホームでのビール作り／穴うめ・選択）
6 長文読解（太陽光パネル設置の効用／内容一致・選択）
7 会話文完成（キノコ狩りに行く相談／穴うめ・選択）

［書き取り］（聞き取りと合わせて 25 分）

平易な短い文章の書き取り（母親から誕生日プレゼントを受け取る）

［聞き取り］

1 会話文の聞き取り（自分が書いた小説を友人にあげる／仏問仏答完成／穴うめ・記述）
2 長文聞き取り（待ち合わせの時間に遅れる／内容一致・選択）

2 次［面接］

個人面接方式。面接委員の指示にしたがって、フランス語の文章を音読し、フランス語の質問にフランス語で答える。試験時間は約 5 分。

1 次 試 験

筆記試験

解説・解答

1 **解説** フランス語の文の（　　）内に入れるのにもっとも適切な前置詞を6つの選択肢から選ぶ問題です。問題数は4、配点は各問2点、合計8点です。

以下、正答を入れたフランス語の文に日本語訳を添えて解説していきます。

(1) Je suis heureux d'avoir fait connaissance (avec) ton père.「君のお父さんと知り合いになれてうれしい」。〈faire connaissance avec＋人〉「～と知り合う」という定型表現がポイントです。この表現は「人」に対してだけでなく、「事柄や場所」について、「初めて体験する」という意味でも用いられます。

ここでは主節のJe suis heureux de (d')「ぼくは～でうれしい」のあとに、faireの完了不定詞avoir faitがつづいています。この完了不定詞は、「知り合いになった」のが、「うれしい」という現在の時点から見て過去であることを表わしています。être heureux de「～でうれしい」も熟語として覚えておきましょう。得点率は4問中もっとも高く、84%でした。

(2) Les enfants sont assis (par) terre.「子どもたちは地べた（床の上）にすわっている」。「位置・方向」を示すparの用法です。同様の意味で、à terreの形もありますが、ふつう接触面が小さいもの（ボールなど）に対して使われます。人など比較的接触面の大きいものについてはpar terreが用いられます。

assisは本来、動詞asseoir「すわらせる」の過去分詞ですが、ここでは形容詞として使用されており、être assisで「すわっている」という状態を示しています。なお、「すわる」という動作を表わす場合には代名動詞のs'asseoirを使います。得点率は4問中もっとも低く、30%でした。

(3)　Tu couperas ce gâteau (en) six.「このケーキを 6 つに切るんだよ」。問われているのは「様態」を示す en の用法ですが、この場合はとくに、「～に（の状態に）」という「変化の結果」を表わしています。traduire un texte en français「文章をフランス語に翻訳する」、changer des euros en yens「ユーロを円に両替する」などのように使います。en のほかの多くの用法と同様に、あとにつづく名詞には冠詞がつきません。なお、動詞 couperas は couper の単純未来形ですが、このように 2 人称で用いられると命令のニュアンスをおびます。得点率は 48%でした。

(4)　Vous devez aller voir le médecin (dès) maintenant.「今からすぐ、お医者さんに行って診てもらわないと」。「～からすぐに」という時間を表わす前置詞 dès が maintenant「今」と結びついて、「今からすぐに」という表現になります。

ここでの voir は「（医者に）診察してもらう」の意味です。aller voir で「診てもらいにいく」となり、さらに活用した動詞 devez（< devoir「～しなければならない」）が前にきています。得点率は 53%でした。

全体の得点率は 54%で、2022 年度秋季にくらべると 13 ポイントの下落となりました。問われているのは、いずれも準 2 級レベルではマスターしておくべきものばかりです。とくに主要な前置詞については、用例を辞書で確認し、整理しておきましょう。

解答　(1) ①　(2) ⑤　(3) ④　(4) ③

2　**解説**　下に示された日本語に対応させる形で、フランス語の文に欠落している語をおぎなう記述式の問題です。問題数は 5、配点は各問 2 点、合計 10 点です。

以下、正答を入れたフランス語の文に日本語訳を添えて解説していきます。

(1)　Ce n'est pas la (peine).「その必要はありません」。空欄の前に置かれた定冠詞の la から、求められる解答は単数の女性名詞であることがわかります。「苦労」や「骨折り」を表わす peine が正解です。「それはお骨折りをいただくほどのことではありません／それには及びません」という意味の日常よく用いられる定型表現です。このあとに〈 de ＋不定詞 〉をつづけて、「〜していただく必要はありません」という形でも使われます。つづり字をまちがえて *paine* と書いたり、形容詞の *possible* や男性名詞の *problème* とする誤答が散見しました。なお、peine には、「罰」や「(精神的な）苦痛」の意味もあるので、あわせて確認しておきましょう。得点率は 37%でした。

(2) Cette place est (libre) ?「この席は空いてますか」。「場所」や「時間」などが「空いている」というときには、形容詞の libre が用いられます。libre は本来「自由な」という意味ですが、「拘束されていない」というところから「空いている」という意味にもなります。この場合の反対語は occupé「ふさがっている」です。b と v の発音を混同したのか、*livre* と書いた誤答がめだちました。これでは男性名詞の「本」になってしまいます。少し考えれば避けられるミスです。得点率は 51%でした。

(3) En ce (moment), on est en vacances.「今、私たちは休暇中です」。ce moment「このとき」に前置詞 en がついた形で「今、現在」を表わします。このほかにも、moment を用いた重要な表現はいくつもありますので、辞書で確認しておきましょう。たとえば、à ce moment(-là) は「そのときに」という過去のある時点を表わします。また au moment de「まさに〜のときに」、au moment où「まさに〜するときに」なども覚えておきたい表現です。「今」という日本語にまどわされたのか、*maintenant* という誤答もありました。得点率は 5 問中もっとも高く、72%でした。

(4) Je voudrais te demander un petit (service).「ちょっとお願いがあるんだけど」。voudrais は vouloir の条件法現在です。〈 je voudrais ＋不定詞 〉で「(できれば）〜したいのですが」のように願望を婉曲的に表わします。また〈 demander A à B 〉は「B（人）に A を求める」という形です。「ちょっと（した）お願い（ごと)」は、フランス語では un petit service で表わします。この service は日本語訳では「お願い」となっていますが、もともと「手助け」の意味です。そもそも service は動詞 servir「奉仕する」から来ていることを思い出しましょう。「お願い」という日本語に引きずられたのか、*souhait*「願い、願望」という解答もありましたが、これでは意味をなしません。得点率は 5 問中もっとも低く、20%でした。

(5) Je vous (dois) combien ?「おいくらですか」。値段を尋ねる表現として、「もの・事柄」を指す不定代名詞の ce / ça「それは」を主語とする C'est combien ? / Ça coûte combien ? などがまず思い浮かびますが、ここでは主語が Je になっていることに注意してください。つまり「私はあなたにいくら支払えばよいのですか」という文で、〈 devoir A à B 〉「B に A を支払わなければならない」の形が使われているのです。この場合、直接目的語の A は combien「いくら」、間接目的語の à B は vous「あなたに」です。*demande* という誤答がありましたが、それでは「いくらあなたに要求するのか」となり、値段を尋ねる文にはなりません。得点率は 33%でした。

全体の得点率は 43%で、2022 年秋季とくらべて 3 ポイント下がり、依然として 50%を下回っています。この問題のポイントは、日本語表現の字面にとらわれることなく文の意味を的確につかみ、それをフランス語の適切な表現に転換することにあります。今回も日本語に影響された誤答が多くありました。くれぐれも注意しましょう。

解答 (1) peine　(2) libre　(3) moment　(4) service
(5) dois

3

解説 提示されたフランス語文とほぼ同じ意味になるフランス語文を完成させる問題です。完成させるべき文の空欄に、下にあたえられた 7 つの動詞から適合するものを 1 つ選び、法や時制も考慮して、適切な形に変化させます。記述式の問題で、問題数は 5、配点は各問 2 点、合計 10 点です。

A の文に日本語訳を付したうえで解説していきます。

(1) **A** André souhaite te recevoir à dîner chez lui.「André は家に君を夕食に招きたいと願っている」。動詞 souhaiter「願う」のあとに不定詞 recevoir がきています。この recevoir は「(客などを) 迎える、招く」という意味で、te は「君を」という直接目的語です。**B** では、主節の動詞 souhaiter のあとに que で始まる従属節がつづく形になっていますが、その従属節は、「君が家に夕食（をとり）にくる」の意味になると予想されます。選択すべき動詞が venir「くる」であることは比較的容易に推測できますが、souhaiter など願望を表わす動詞につづく従属節中の動詞は接続法にしなければなりません。この文では、主節の souhaite が現在形なので、従属節の動詞は接続法現在になります。したがって、André souhaite que tu (viennes) dîner chez lui. が正解となります。venir ではなく inviter を選んだ誤答（これでは tu は招待される側でなく、招待する側になってしまいます）や、接続法にせず、直説法現在形の *viens* と書いた誤答が多く見られました。得点率は5問中もっとも低く、13%でした。

(2)　**A**　Cette route vous mènera au centre-ville.「この道は町の中心に通じている」。ここでは、Cette route「この道」が主語になり、それが vous「あなたを」mènera「みちびくだろう」au centre-ville「町の中心に」とつながっています。mènera は動詞 mener「（道などが）～を運ぶ、到達させる」の単純未来形です。**A** と同じ内容が、**B** では、vous「あなたは」を主語にして、Si vous suivez cette route「この道をたどれば」、vous (　　　) au centre-ville「あなたは町の中心に（　　）」の形で書かれています。文意から、空欄には arriver「着く」を選ぶことが予測できるでしょう。ただし、それを単純未来形にしなければなりません。正解は、Si vous suivez cette route, vous (arriverez) au centre-ville.「この道をたどれば、町の中心に行きます」になります。この場合、現在形の arrivez でも未来の内容を表わすことができるので正解となります。*arrivrez* や *arrivera* など、惜しい誤答もありましたが、得点率は5問中もっとも高く、54%でした。

(3)　**A**　Hier, j'ai laissé mon fils utiliser ma voiture.「きのう、息子に私の車を使わせた」。主語は「私」で、mon fils「私の息子」が ma voiture「私の車」を utiliser「使うこと」を ai laissé「許可した」という形です。ポイントはここで用いられている〈laisser＋人（直接目的語）＋不定詞〉「（人）に（自由に）～させる」の表現です。時制が複合過去である点にも注意しましょう。**B** では、mon fils「私の息子」を主語として、avec ma permission「私の許可を得て」、(　　　) de ma voiture「私の車を（　　）した」となっています。空欄の直後の de がヒントになります。de をともない、かつ文意に合う動詞は se servir しかありません。se servir de「～を使う」の形です。ここではそれを **A** に合わせて複合過去にします。代名動詞の複合過去では助動詞に être を用います。また再帰代名詞の se が直接目的語の場合は過去分詞の性・数をそれに一致させますが、ここで se が指すのは男性・単数の mon fils なので、過去分詞 servi には女性の e も複数の s も付けません。したがって Hier, mon fils (s'est servi) de ma voiture avec ma permission.「きのう、私の息子は私の許可を得て私の車を使った」が正解となります。もっとも多い誤答は、選択肢から prêter を選んだ例でした。しかし prêter「貸す」では逆の意味になりますし、そもそも前置詞 de をともないません。得点率は 19％でした。

(4) **A** Quel est le poids de cette valise ?「このスーツケースの重さはどのくらいですか」。この文の主語は le poids de cette valise「このスーツケースの重さ」であり、それが「どのくらいか」を尋ねています。**B** では、主語が cette valise「このスーツケース」になっているので、動詞として peser「～の重さである」を使うことがわかるでしょう。時制は現在ですが、peser のように -er 動詞でも、不定詞の語幹が〈 -e + 子音字 〉（ここでは -e + s）の場合は、単数のすべての人称と 3 人称複数形で、発音をしやすくするために、語幹が〈 -è + 子音字 〉の形に変化します。したがって正解は、Combien (pèse) cette valise ?「このスーツケースはどのくらいの重さですか」です。アクサン記号を付けずに *pese* とした誤答がきわめて多く見うけられました。このタイプの動詞には lever、acheter、mener など重要な動詞がいくつもあります。しっかりと確認しておいてください。得点率は(1)とならんで 5 問中もっとも低く、13％でした。

(5) **A** Ses parents doutaient de son succès.「両親は彼の成功を疑っていた」。douter de「～を疑う」が半過去の形におかれています。**B** では、主語は同じ Ses parents でありながら、否定文になっているので、「疑う」とは反対の意味の動詞、つまり croire「信じる」を選び、半過去形にします。さて半過去の語尾はすべての動詞に共通ですが、語幹については、現在形の 1 人称複数 nous の活用形から作ります。croire は nous croyons となるので、croy- が語幹となり、それに半過去の共通語尾を付けます。この場合の主語 Ses parents は 3 人称複数ですから、正解は Ses parents ne (croyaient) pas en son succès.「彼の両親は彼の成功を信じていなかった」となります。現在形の *croient* としたものや、*croiaient* など、y の文字が語幹にふくまれない誤答が散見しました。得点率は 18％でした。

この設問の平均得点率は、30%から40%のあいだを推移しているのですが、今回の全5問の平均得点率は23%で、2022年秋季から12ポイントも下がりました。この設問では、まず文意を把握してふさわしい動詞を選択肢から選び、さらにそれを適切な法・時制に置いて正確に活用させることが求められます。受験生の皆さんにはかなりハードルが高く見えるかもしれませんが、今後2級やそれ以上の級を目指すには、避けて通れない関門です。問われているのは準2級レベルで学習しておくべき事項ばかりです。とりわけ基本的な動詞の活用について、今一度しっかりと復習しておいてください。

解答　(1) viennes　(2) arriverez / arrivez　(3) s'est servi
(4) pèse　(5) croyaient

4　**解説**　対話文の空欄に入るもっとも適切な疑問代名詞、関係代名詞、不定代名詞、疑問形容詞、不定形容詞などを、下の7つの選択肢から選ぶ問題です。問題数は5、配点は各問2点、合計10点です。

空欄をおぎなう形で日本語訳を付しながら、解説していきます。

(1) Regarde. Il y a des enfants qui pleurent.「ほら、見て。泣いている子どもたちがいるよ」に対し、(　　　) se passe-t-il ? と聞き返しています。応答文の主語ilは「何か」や「だれか」を指す人称代名詞ではなく、動詞se passerとともに用いられ、「(事件などが) 起こる」という意味の非人称構文を形作っています。また、se passe-t-ilと、主語と動詞が倒置されていることからも、空欄にはなんらかの疑問詞が入ると想定されます。空欄に入る文法的要素は属詞ですが、それを問うのは疑問代名詞のque「何」です。そもそも、選択肢のなかで疑問詞は⑤ queしかありません。「何が起きているのか、どうなっているのか」という疑問文を構成しているわけです。ほぼ同義の表現として、非人称のilを用いない、Qu'est-ce qui se passe ? もあります。得点率は68%でした。

(2) Sarah a vécu très longtemps en Asie.「Sarahはとても長い間アジアで暮らした」。a vécuはvivre「暮らす」の複合過去です。この発言に、「だから彼女はいくつもの言語をしゃべれるんだ」と相手は応じ、そのあと空欄があって、le japonais「日本語」とつづきます。アジアのplusieurs langues「いくつもの言語」のなかに「日本語」もふくまれるはずですから、空欄には「そのなかには〜もある、〜をふくめて」を表わす関係代名詞の ② dont が入り、(dont) le japonais で「(そのなかには) 日本語も (ふくまれる)」となります。dont については、前置詞の de をふくむ関係代名詞として広く使われますが、このような用法があることも辞書で確認しておきましょう。得点率は 36% でした。

(3) Ta voisine a une nouvelle voiture ? 直訳すれば「君のお隣りさんは新しい車を持っているの？」ですが、「新しく車を買ったの？」というような意味です。この問いかけに、「うん、でも彼女の車は（　　）よりも大きくないよ」と応答しています。比較級の構文で、空欄には比較の対象が入ります。選択肢のなかで比較の対象となりうるものは、女性・単数の名詞を指す所有代名詞の ③ la mienne「私のもの」(= ma voiture「私の車」) しかありません。得点率は 5 問中もっとも高く、91% でした。なお、nouvelle voiture は「新しく買った車」のことですが (「中古車」の場合もあります)、voiture nouvelle は「新型車」、voiture neuve は「新車」を意味します。

(4) Ton grand frère a beaucoup changé ?「あなたのお兄さんはずいぶん変わった？」という問いに、「いいえ、彼は（　　）のままだったよ」と応じています。〈 rester + 属詞 〉で「(同じ状態に) とどまる」ことを表わします。ここでは est resté となっていますが、rester は複合過去で助動詞に être を用いることに注意してください。空欄には「同じ (人)」を意味する ④ le même が入り、il est resté le même「彼は同じままだった」すなわち「以前と変わらなかった」となります。得点率は 61% でした。

(5) Tu peux m'aider en maths ?「数学で私を助けられない？」が直訳ですが、数学の宿題を手伝ってくれないかという依頼です。それに対し「私はだめだよ、Annie にたのんだら。彼女は（　　）に強いから」と返しています。ふつうに考えると空欄には maths「数学」を指す代名詞が入りそうですが、選択肢には見あたらないので、発想を切り替える必要があります。Annie は、数学をふくめ、en (tout)「すべて (の教科) に」forte「強い、長けている」とすれば文脈が通ります。正解は ⑦ tout です。得点率は 69% でした。

全5問の平均得点率は65%で、2022年度秋季とくらべると10ポイント上昇しました。各問題の文意をしっかりとらえ、選択肢をよく見ればおのずと正解がみちびかれるはずです。そもそも代名詞の種類は限られているので、過去の問題などを参照しながら、整理しておきましょう。

解答　(1) ⑤　(2) ②　(3) ③　(4) ④　(5) ⑦

5　**解説**　長文中の空欄に入れるのにもっとも適切な語句を、それぞれ3つの選択肢のなかから選ぶ問題です。問題数は5、配点は各問2点、合計10点です。

今回は「老人ホームでのビール作り」がテーマです。文脈をたどりながら、順に解説していきます。

冒頭で、Lorenz Schmitt, 78 ans, vit depuis longtemps dans une maison de retraite.「78歳のLorenz Schmittは、ずいぶん以前から老人ホームで暮らしている」と主人公の紹介がなされたのち、Jusqu'à l'année dernière, il passait la plupart de son temps à jouer aux cartes avec d'autres pensionnaires. Mais cela les ennuyait.「去年まで、彼は自分の時間の大部分をほかの居住者たちとトランプをして過ごしていた。しかし、それ（トランプ）は彼らを退屈させていた」とつづきます。そして第4文には、(　1　), il a proposé un jour à Elsa Muller, la directrice de la maison, de faire de la bière.「(　1　)、ある日彼はホームの所長であるElsa Mullerにビールを作ることを提案した」という文がきます。Lorenz Schmittは、トランプ遊びに退屈していたゆえにこそ、ビール作りを提案したのですから、(　1　)には① Alors「それゆえに」が入ります。前言とは逆の内容をみちびく② Au contraire「反対に」や、前言の理由や根拠を示す③ En effet「事実、それというのも」では意味が通りません。得点率は75%でした。

第5文で、Pendant plus de 40 ans, ça avait été le métier de monsieur Schmitt, qui travaillait dans une brasserie à Strasbourg.「40年以上ものあいだ、それ（ビール作り）はSchmitt氏の職業だった。彼はストラスブールのビール工場で働いていたのだ」と述べたあとに第6文では、Il voulait rendre sa vie et celle des autres pensionnaires plus intéressantes en (　2　).「彼は、

（　2　）することによって、自分の生活やほかの居住者たちの生活をより面白いものにしたかったのだ」という文がつづきます。voulait は vouloir の半過去です。またここでは、rendre A B「A (= sa vie et celle des autres) を B (= plus intéressantes) にする」という定型表現が使われています。① faisant profiter tout le monde de son expérience「自分の経験をみんなに利用してもらう」、② oubliant son désir「自分の欲望を忘れる」、③ se moquant des autres「ほかの人々をからかう」といういずれも現在分詞で始まり、直前の en とともにジェロンディフを形作る選択肢のなかで、文脈に合うのは①です。profiter de「～を利用する」に使役動詞の faire がついて、「～を利用してもらう」という意味になっています。得点率は 72％でした。

第 7 文には、Madame Muller, d'abord étonnée, a finalement répondu : « Pourquoi pas ? »「Muller 氏は最初驚いたが、ついにはこう答えた『いいんじゃないですか』」とあり、次の第 8 文には、その理由が述べられています。Elle a (　3　) que cette nouvelle activité semblait plaire aux pensionnaires.「彼女はこのあらたな活動を居住者たちが気に入りそうであること（　3　)」。従属節中の動詞は〈 sembler ＋不定詞〉「～のように思われる」が半過去形で使われています。複合過去を構成する助動詞 a (< avoir) の次に、いずれも過去分詞で始まる選択肢は、それぞれ、① craint tout de suite (< craindre)「をすぐに恐れた」、② enfin remarqué (< remarquer)「にやっと気づいた」、③ eu du mal à expliquer (< avoir)「を説明するのに苦労した」です。このなかで、ビール作りを認める理由になりそうなのは②のみです。得点率は 54％でした。

つづく第 9・10 文には、(　4　) la maison produit aujourd'hui 30 litres par semaine. C'est très peu, mais c'est assez pour que ses pensionnaires boivent de temps en temps quelques bières.「（　4　）ホームでは現在、週 30 リットルのビールを製造している。それはとても少ない量だが、居住者たちがときどき何杯かのビールを飲むにはじゅうぶんだ」とあります。この前の部分でビール製造の許可がおり、ここではその結果・成果が述べられています。選択肢の① C'est comme ça que「このようにして」、② C'est dommage que「残念なことに」、③ On ne sait pas pourquoi「なぜだかわからないが」のなかで、前後の文を適切につなぐことができるのは①です。得点率は 74

%でした。

最後の文、« Ils (　5　) qu’avant », dit Elsa Muller, contente.「『彼らは以前（　5　)』と、Elsa Muller は満足して語る」では、老人ホームにおけるビール作りの活動が総括されています。選択肢は、① ont l’air plus tristes「より悲しそうだ」、② se taisent autant「と同様にだまっている」、③ sourient plus「よりよく笑う」です。ここでは、Muller 氏も納得の、ビール作りが生んだプラスの点が述べられているわけですので、③ が正解になります。得点率は 79%でした。

全 5 問の平均得点率は 71%、2022 年秋季にくらべて 16 ポイント上昇し、過去最低を記録した前回の結果から、ほぼ通常のレベルにまで回復しました。この問題では、前後の文脈をしっかり読み取ることが第一ですが、選択肢のフレーズを正確に理解することも求められます。フランス語の総合的な読解力がためされる問題ともいえるでしょう。

解答　(1) ①　(2) ①　(3) ②　(4) ①　(5) ③

6　**解説**　長文を読み、その内容について述べた文が、長文の内容に一致するか否かを判断する問題です。選択式問題で、内容について述べた文は 6 つ、配点は各問 2 点、合計 12 点です。

今回は、Vincent と彼の妻が、新築した家に太陽光パネルを設置したという話です。

内容について述べた(1)〜(6)の文を長文中の各文と対応させ、日本語訳を付けながら解説していきます。

(1)　Vincent et sa famille habitent dans leur maison depuis plus de trois ans.「Vincent と彼の家族は、3 年以上前から彼らの家に住んでいる」。本文第 1 段落の第 1 文で、L’an dernier, Vincent et sa femme ont fait construire leur maison「去年、Vincent と彼の妻は自分たちの家を建てた（建てさせた)」とありますので、内容に一致していません。得点率は 6 問中もっとも高く、98%でした。

(2) C'est un collègue de Vincent qui a recommandé les panneaux solaires.「太陽光パネルを彼らに勧めたのは、Vincentの同僚である」。第1文の後半から第2文にかけて、ils ont fait installer des panneaux solaires sur le toit. Un des collègues de Vincent leur avait recommandé cet appareil en leur expliquant comment demander des aides financières de l'État.「彼らは太陽光パネルを屋根に設置した。Vincentの同僚のひとりが、どのようにして国の財政的な援助を求めたらいいのか説明しながら、この装置を2人に勧めていたのだ」とありますので、内容に一致しています。得点率は85%でした。

(3) Pour Vincent et sa femme, cela a été difficile de recevoir les aides financières de l'État.「Vincentと彼の妻にとって、国の財政的援助を受けるのは困難だった」。第3文には、Grâce à ces conseils, ils ont pu les recevoir facilement.「この助言のおかげで、彼らはそれ（財政的援助）を容易に受けることができた」とありますので、内容に一致していません。得点率は89%でした。

(4) Vincent et sa femme ont dépensé environ 8 000 euros pour les panneaux solaires.「Vincentと彼の妻は、太陽光パネルを設置するために、およそ8000ユーロを費やした」。第4・5文に、Le prix total des panneaux était de 16 000 euros, mais ils n'ont dû en payer que la moitié. Et maintenant, ils peuvent vendre le surplus d'électricité.「太陽光パネルにかかった費用の総額は16000ユーロだったが、彼らはその半額しか支払う必要がなかった。そして今、彼らは余剰の電気を売ることができる」とありますので、内容に一致しています。得点率は6問中もっとも低く、64%でした。

(5) Les panneaux solaires ne marchent pas si la lumière est faible.「太陽光パネルは、光が弱いとうまく作動しない」。第2段落の第1文に、Ces panneaux solaires marchent même avec une faible lumière.「このパネルは弱い光であっても作動する」と書かれていますので、内容に一致していません。得点率は91%でした。

(6) Vincent, sa femme et son fils prennent des douches avec l'eau chaude produite par les panneaux solaires.「Vincentと彼の妻と息子は、太陽光パネ

ルで作られたお湯でシャワーを浴びる」。第2段落の第2文から第3文にかけて、De plus, ils produisent à la fois de l'électricité et de l'eau chaude. Ainsi, Vincent, sa femme et son fils prennent des douches deux fois par jour avec l'eau chauffée sur le toit.「そのうえ、それら（太陽光パネル）は電気とお湯を同時に作る。このようにして、Vincentと彼の妻と息子は、屋根で温められたお湯で1日に2度シャワーを浴びる」とありますので、内容に一致しています。得点率は93%でした。

なお、設問とは直接関連しませんが、残りの本文は、Vincent trouve les panneaux solaires vraiment utiles. Dans le futur, la famille compte acheter une voiture électrique et la conduire avec l'électricité « faite à la maison ».「Vincentは太陽光パネルが本当に役に立つと思っている。将来、（Vincentの）家族は電気自動車を購入し、『自家製の』電気でそれを走らせるつもりだ」となっています。

全6問の平均得点率は87%で、2022年秋季（89%）とほぼ同じになりました。こうした正誤の2択問題では、問われているポイントはかならず本文中にみつかります。取りこぼしのないようにしましょう。

解答　(1) ②　(2) ①　(3) ②　(4) ①　(5) ②　(6) ①

7

解説　会話文の空欄にあてはまるもっとも適切な語句を、それぞれ3つの選択肢から選ぶ問題です。空欄は5つ、配点は各問2点、合計10点です。

今回は、キノコ狩りをめぐるMayuとOlivierとの会話です。話の筋をたどりながら順に見ていきましょう。

まずMayuがOlivierに、Demain, j'irai dans la montagne chercher des champignons.「あした、キノコをさがしに山へ行くんだ」と話しかけています。それに対してOlivierは、Ah bon ? Tu y (1) ?「ああ、そうなんだ。君はそこに（ 1 ）の？」と聞き返しています。選択肢として、① passeras beaucoup de temps「たくさんの時間を過ごす」、② va souvent「よく行く」、③ va toute seule「ひとりだけで行く」とありますが、Mayuはその問いに、Non, j'y vais avec mon grand-père.「いいえ、私のおじいちゃんとそこに行くの」と答えています。だれかと行くのか行かないのかが問題になっていますから、③が正解になります。得点率は5問中でもっとも高く、98％でした。

つづいてMayuは、Tu veux venir avec nous ?「私たちといっしょに来ない？」とOlivierを誘いますが、Olivierは、Euh, ça a l'air intéressant mais (2), j'ai peur de ramasser des champignons vénéneux.「うーん、面白そうだけど、(2)、毒キノコを採るのが怖い」と答えています。返答の最後の部分は、おそらく空欄部分の理由になっています。選択肢① je n'ai aucune difficulté「まったく問題ないよ」あるいは② je n'en trouve pas「それがみつからない」では、内容的に帰結・理由の関係にはなりません。③ j'hésite un peu「ちょっとためらうな」であれば、「だって毒キノコ採っちゃいそうで怖いから」というふうに論理的につながります。正解は③です。得点率は85％でした。

ためらっているOlivierにMayuは、Tu as raison. Il faut (3) pour ne pas se tromper.「あなたの言うとおりね。まちがえないように (3) しないと」と言っています。Il faut「～しなければならない」のあとの空欄に入る選択肢として、① faire attention「注意する」、② ne pas réfléchir「じっくり考えない」、③ tout essayer「すべてをためす」とあり、いずれも動詞の不定詞をふくむ表現になっています。毒キノコを採らないようにすることが話題になっているのですから、正解は① Il faut faire attention「注意しないといけない」になります。得点率は96％でした。

Tu connais bien les champignons, toi ?「君はキノコのことをよく知っているの」と聞くOlivierにMayuは、Non, mais j'ai confiance en mon grand-père, (4) il sait tout de la montagne.「いいえ、でも私はおじいちゃんのことを信頼してるんだ。(4) 彼は山のことならなんでも知っているんだもの」と答えます。空欄のあとには、Mayuが祖父を信頼している理由・根拠がつづいてます。選択肢には、① autant qu'「～と同じだけ」、② de sorte qu'「したがって」、③ parce qu'「なぜなら」とありますが、「理由」を表わす③ parce qu'「なぜなら」が正解となります。得点率は94％でした。

それを聞いて安心したOlivierは、(5), je vous accompagne !「(5)、君たちといっしょに行くよ」と同意します。空欄の選択肢は、① Cela m'est égal「どちらでもいいよ」、② Dans ce cas「その場合には、それなら」、③ Malgré tout「それでもなお」とありますが、OlivierはMayuの祖父が信頼できるとわかったからこそ、いっしょに行くことに同意したわけですから、正解は②になります。選択肢の表現がやや理解しづらかったのか、得点率は5問中もっとも低く、75%でした。

そのOlivierのことばにMayuは、Parfait ! Nous viendrons te prendre chez toi demain matin.「よかった。あしたの朝、あなたを家まで迎えにいくわ」と応じています。

全5問の平均得点率は90%で、2022年秋季の66%にくらべ大幅に上昇しました。この設問のポイントは、第一に会話の展開にしっかりついていくことにありますが、それとともに日常よく用いられる会話表現をきちんと身につけておく必要があります。

解答 (1) ③　(2) ③　(3) ①　(4) ③　(5) ②

書き取り・聞き取り試験

解説・解答

書き取り試験

解説 母親から誕生日プレゼントを受け取った女性の話です。4つの文から構成されており、動詞の時制としては、複合過去、大過去、半過去、近接未来が使われています。リエゾンは、C'était‿un と son‿anniversaire の2箇所でした。書き取り試験では、話されるフランス語を聞き取ってその内容を理解する能力と、そのフランス語を正確に書き取る能力が同時にためされます。日ごろからの地道で意識的な学習が必要となります。以下、誤りの多かった箇所を中心に解説していきます。

単語のつづりまちがいでは、beau を正確に聞き取れていないケースが散見しました。これは、beau と次の manteau との意味のつながりとらえきれていなかったことが背景にあると推察されます。beau manteau をひとつづきの1単語と見なした解答もかなりありました。また anniversaire については、耳で聞き取れて意味もわかっているのにもかかわらず、*aniversaire*、*anniversair*、*anniverser*、*anniverssaire* など、正確に書けていない例がめだちました。さらに remercier に関しては、*mercier*、*merci* とするなど、語頭の r 音が聞き取れていないケースや、*remercie*、*remerci* など、動詞の不定詞であることがわからなかったケースをふくめ、きわめて多くのまちがいがありました。

文法的な理解の不足に起因すると思われるまちがいもいくつか見うけられました。Julie est rentrée の箇所について、rentrer のように複合時制で助動詞に être をとる動詞は、過去分詞を主語と性・数一致させなければなりません。この場合、主語は女性なので過去分詞に e を付けるのですが、それをおこたっている誤答がかなりありました。また un paquet était arrivé のところでは、時制が大過去であることが見抜けなかったのか、とりわけ助動詞 être の半過去形 était を過去分詞の *été* や現在形の *est* にするなどのまちがいが見られました。さらに、Elle l'a ouvert において、l'a は un paquet を指す人称代名詞 le と、ouvrir の過去分詞 ouvert とともに複合過去を構成している助動詞 avoir の活用形 a とがエリジヨンでつながっている形なのですが、それをきちんと理解できている解答はさほど多くはなく、*a* や *la* という誤答が散見しました。Julie va lui téléphoner でも、おそらく lui「彼女に」という間接目的語をはさんだ近接未来の形であることがわからず、とくに va lui の箇所でのまちがいが目につきました。

最後に文章全体の日本語訳を付けておきますので、参考にしてください。

「きのう、Julie が家にもどると、彼女宛てに小包が届いていた。その小包を開けると、美しいコートがあった。それは、彼女の母親からの誕生日プレゼントだった。今夜、Julie は母親にお礼を言うために電話をするつもりだ。」

解答 Hier, quand Julie est rentrée, un paquet était arrivé pour elle. Elle l'a ouvert et a trouvé un beau manteau. C'était un cadeau de sa mère pour son anniversaire. Ce soir, Julie va lui téléphoner pour la remercier.

聞き取り試験

1

(読まれるテキスト)

Léo : Tiens, je te donne ce livre.
Sophie : Merci. C'est quoi ?
Léo : C'est un roman. Il vient de sortir.
Sophie : Tu l'as déjà lu ?
Léo : C'est moi qui l'ai écrit.
Sophie : Pas possible ! Tu n'es pas employé dans une entreprise ?
Léo : Mais si.
Sophie : Et tu n'es pas occupé ?
Léo : Je travaille toute la journée, souvent jusqu'à tard.

Sophie : Alors, comment tu fais ?

Léo : J'écris avant de me coucher et le week-end.

Sophie : Je ne pourrais pas faire la même chose. Pour moi, il est plus important de passer du temps avec ma famille.

Léo : En tout cas, lis mon livre et tu me donneras tes impressions.

Sophie : Avec plaisir.

（読まれる質問）

un : Léo donne à Sophie quel genre de livre ?

deux : Qu'est-ce que Léo fait dans la vie ?

trois : Est-ce que Léo est occupé ?

quatre : Est-ce que Sophie peut faire la même chose que Léo ?

cinq : Qu'est-ce que Sophie fera après la lecture ?

解説 まず2人の会話を聞き、次にその内容に関する質問を聞いて、あらかじめ問題冊子に印刷されている答えの文を完成させる問題です。今回、質問の数は5つ、空欄の数は8つ、空欄ごとに1点で、合計8点です。それぞれの空欄には1語ずつ記入します。

会話を聞く前に、問題冊子に印刷された答えの文をよく読んでおきましょう。空欄の前後の文脈から、空欄に入る語の品詞やその形（性・数、人称・活用など）をある程度予測することができます。(1)の最初の空欄では、直前に un があることから、単数の男性名詞が入ると予想されますし、関係代名詞節のなかにある次の空欄に入るのは、venir de につながる可能性のある語だと考えられます。そうすると、「～から来る」の意味になる名詞か、「～したばかりだ」という近接過去を構成する動詞の不定詞のいずれかであろうと推測されます。(2)の最初の空欄には冠詞がついていないことから、主語の属性を表わす名詞や形容詞が入るのではないかと考えられますし、2つ目の空欄は、その前に une があるので、単数の女性名詞が入ることがわかります。

⑶の1つ目の空欄の直前にはlaがありますから、母音または無音のhで始まっていない単数の女性名詞が入ることがわかります。そして、toute laと結びついて1つの表現を作っているのではないかと予想されます。2つ目の空欄には、jusqu'à「～まで」のあとにつながる要素として、時間か場所、あるいは程度を表わす語が入りそうです。⑷では、従属節のなかが〈il est ... de +不定詞〉の形式主語文であることがわかれば、空欄に入るのはおそらく形容詞であろうと予測できるでしょう。⑸は空欄の前にsesがあることから、入るのは複数の名詞です。

会話は全部で3回読まれます。1回目では、できれば簡単なメモをとってもかまいませんが、あまり空欄の箇所にはとらわれず、会話の展開全体をしっかりつかむことに集中しましょう。こうした聞き取り問題で大切なのは、とにかく話の流れを見失わないことです。

今回は、Léoが自分の書いた小説をSophieに渡そうとしている場面の会話です。読まれる質問の日本語訳を提示し、問題用紙に印刷されている答えの文の空欄に解答を入れながら、順に見ていきます。

⑴の質問は「LéoはSophieにどんなジャンルの本をあげていますか」です。Tiens, je te donne ce livre.「ほら、この本を君にあげるよ」と言うLéoに、Merci. C'est quoi ?「ありがとう。これ何」とSophieが聞き返します。それに対してLéoは「C'est un roman. Il vient de sortir. これは小説だよ。出たばかりなんだ」と答えていますから、正解は、Il lui donne un (roman) qui vient de (sortir). です。*livre*という誤答がたいへん多くありましたが、「どんなジャンルの本」なのかという質問に対する回答としてはありえません。この場合sortirは、「（本などの新作が）出版される」という意味です。paraître (paraitre) でも可です。なお、関係代名詞節中のvient de sortirは近接過去の表現です。得点率はそれぞれ46%、76%でした。

⑵の質問は「Léoはどんな仕事をしていますか」です。Tu l'as déjà lu ?「あなたはもうその本読んだの」というSophieの質問にC'est moi qui l'ai écrit.「この本を書いたのはぼくなんだ」とLéoは説明します。使われている動詞はそれぞれlire「読む」とécrire「書く」の複合過去で、livreを指す直接目的語の人称代名詞leがl'の形になって前にきています。さて、そのことばに驚いたSophieがPas possible ! Tu n'es pas employé dans une entreprise ?

「ありえない。あなた、会社勤めのサラリーマンじゃないの？」と聞いたのに対して、Léo は Mais si.「そのとおり（サラリーマンだよ）」と答えています。したがって正解は、Il est (employé) dans une (entreprise). となります。最初の空欄の誤答例として、*écrit* が相当数ありました。これはおそらく、主語 il を le roman と取り、「小説は社内で書かれた」と理解してしまったのと、そもそも質問の意味を理解できていなかったためでしょう。また、employé だとわかっていても、*employer*、*employè* など、正確につづれていないケースがかなり多く見られました。2番目の空欄については、*entrprise*、*entreplease* のようにつづりをまちがえた例に加え、*vie* とした誤答が多くありました。なお、employé は salarié でも可、entreprise は société でも可です。得点率はそれぞれ13%、27%でした。

(**3**)の質問は「Léo は忙しいのですか」です。Et tu n'es pas occupé ?「それであなたは忙しくないの？」と聞く Sophie に Léo は、Je travaille toute la journée, souvent jusqu'à tard.「1日中仕事をしてるし、遅くまで働くこともよくあるよ」と答えているので、正解は、Oui. Il travaille toute la (journée), souvent jusqu'à (tard). です。空欄のある印刷された文と同じ形の文が会話文中にあるためか、得点率はほかとくらべて高くなっています。ただし、journée が正しく書けていない解答、たとえば *journé*、*journe*、*journeé*、*journee*、*journer* などの誤答がありました。journée のような基本語については確実に覚えておきたいものです。得点率はそれぞれ71%、80%でした。

(**4**)の質問は「Sophie は Léo と同じことができますか？」です。Alors, comment tu fais ?「それじゃ、どうやってるの（あなたはどのように小説を書いているの）」と聞く Sophie に、Léo は J'écris avant de me coucher et le week-end.「寝る前と週末に書いてるんだ」と答えます。その回答を聞いて Sophie はこう言います。Je ne pourrais pas faire la même chose. Pour moi, il est plus important de passer du temps avec ma famille.「私は（あなたと）同じことはできないわ。私にとっては、家族といっしょに過ごす時間のほうがもっと大事だから」。pourrais は pouvoir の条件法現在で、「私があなたの立場なら」という仮定が言外にあります。正解は、Non, elle trouve qu'il est plus (important) de passer du temps avec sa famille. です。女性形の *importante* にした例や、*inportant*、*importent* などの惜しいスペルミスがめだちました。得点率は57%でした。

(**5**)の質問は「Sophieは読んだあとに何をしますか」です。En tout cas, lis mon livre et tu me donneras tes impressions.「とにかく、ぼくの本を読んで君の感想を（聞かせて）くれないかな」と言うLéoに、SophieはAvec plaisir「喜んで」と返しているのですから、正解はElle donnera ses (impressions) à Léo.です。impressionsに代えて、avis、idées、opinionsでも正解になります。*impression*と単数形にした解答がかなり見られましたし、*impréssions*とアクサン記号を付けてしまった誤答もありました。得点率は16%でした。質問文の意味がよく把握できていなかったようで、低い得点率になりました。

全8問の平均得点率は48%で、前回の2022年秋季の47%とほぼ同じポイントになりました。しかし、まだ50%を切っています。聞き取りの訓練と同時に、基本的な単語をアクサン記号をふくめてまちがえずに書けるよう、日ごろから意識的に練習することが大切です。

解答 (1) (roman) (sortir)　(2) (employé) (entreprise)
(3) (journée) (tard)　(4) (important)
(5) (impressions)

2

（読まれるテキスト）

Mon meilleur ami s'appelle Sébastien. Nous sommes dans le même lycée. Nous aimons beaucoup sortir, et nous avons décidé d'aller au cinéma dimanche.

Samedi, j'étais fatiguée, et dimanche matin, je n'ai pas pu me lever tôt. Alors je me suis habillée rapidement, et je suis partie tout de suite. Je voulais prendre le train de 9 heures et demie. Quand je suis arrivée à la gare, j'ai vu un train qui allait partir. J'ai couru pour monter dans ce train. Mais je me suis trompée de direction ! J'avais vraiment envie de pleurer.

Je suis arrivée au rendez-vous avec une demi-heure de retard. Quand Sébastien m'a vue, il m'a souri, et cela m'a fait plaisir. Comme le film était déjà commencé, nous sommes entrés dans un café pour discuter. Nous nous sommes bien amusés. Nous n'avons pas vu le film, mais c'était quand même une bonne journée.

（読まれるテキストの内容について述べた文）

un : Céline et Sébastien sont des amis de lycée.

deux : Céline et Sébastien ont décidé d'aller au cinéma samedi.

trois : Céline s'est réveillée tôt dimanche.

quatre : Céline avait l'intention de prendre le train de 9 heures.

cinq : Céline a couru pour monter dans le train.

six : Céline a pris le mauvais train.

sept : Céline est arrivée au rendez-vous juste à l'heure.

huit : Sébastien a fait un sourire à Céline.

neuf : Céline a discuté avec Sébastien dans un café.

dix : Céline et Sébastien ont finalement vu le film.

解説　まず、フランス語のまとまった文章を聞きます。次に、おなじくフランス語の 10 の文を聞いて、それぞれの文が、読まれた文章の内容に一致するかどうかを判断する問題です。各問 1 点、合計 10 点です。

今回は、Sébastien との待ち合わせに、Céline が遅れて着くという話です。以下、長文の内容に一致するかしないかを問う 10 の文に日本語訳を付けながら解説していきます。

(1)「Céline と Sébastien は、高校の友だちである」。第 1 段落の第 1 文と第

2文で、Mon meilleur ami s'appelle Sébastien. Nous sommes dans le même lycée.「私の親友はSébastienという名前で、同じ高校に通っている」とありますので、内容に一致します。得点率は89%でした。

(2)「CélineとSébastienは、土曜日に映画へ行くことにした」。第3文に、Nous aimons beaucoup sortir, et nous avons décidé d'aller au cinéma dimanche.「私たちは出かけるのが大好きで、日曜日に映画へ行くことにした」とあります。出かけるのは土曜日ではなく、日曜日ですので、内容に一致していません。得点率は93%でした。

(3)「Célineは日曜日の朝早くに目覚めた」。第2段落第1文に、Samedi, j'étais fatiguée, et dimanche matin, je n'ai pas pu me lever tôt.「土曜日、私は疲れていたので、日曜日の朝は早く起きることができなかった」とありますので、内容に一致していません。得点率は70%でした。

(4)「Célineは9時の電車に乗るつもりだった」。第2文と第3文には、Alors je me suis habillée rapidement, et je suis partie tout de suite. Je voulais prendre le train de 9 heures et demie.「そこで私は急いで服を着替え、すぐに家を出た。私は9時30分発の電車に乗りたかったのだ」とありますので、内容に一致していません。得点率は72%でした。

(5)「Célineは電車に乗るために走った」。第4文と第5文では、Quand je suis arrivée à la gare, j'ai vu un train qui allait partir. J'ai couru pour monter dans ce train.「駅に着くと、電車が発車しようとしているのが目に入った。私は走ってその電車に乗りこんだ」となっていますので、内容に一致しています。得点率は82%でした。

(6)「Célineはちがう電車に乗った」。第6文と第7文に、Mais je me suis trompée de direction ! J'avais vraiment envie de pleurer.「でも私は方向をまちがえてしまった。本当に泣きたくなった」とあります。「方向をまちがえてしまった」ということは「ちがう電車に乗った」ということですので、内容に一致しています。得点率は71%でした。

(7)「Céline はちょうど時間どおりに待ち合わせの場所に着いた」。第 3 段落第 1 文には、Je suis arrivée au rendez-vous avec une demi-heure de retard.「私は待ち合わせの場所に 30 分遅れて着いた」とありますので、内容に一致していません。得点率は 85%でした。

(8)「Sébastien はにっこり Céline にほほえみかけた」。第 2 文では、Quand Sébastien m'a vue, il m'a souri, et cela m'a fait plaisir.「Sébastien は私を見ると、にっこりほほえみかけてくれて、私はうれしかった」となっていますので、内容に一致しています。得点率は 84%でした。

(9)「Céline はカフェで Sébastien とおしゃべりをした」。第 3 文と第 4 文に、Comme le film était déjà commencé, nous sommes entrés dans un café pour discuter. Nous nous sommes bien amusés.「映画はもう始まっていたので、私たちはおしゃべりをするためにカフェに入った。私たちはとても楽しかった」とありますので、内容に一致しています。得点率は 94%でした。

(10)「Céline と Sébastien は結局映画を見た」。最後の文には、Nous n'avons pas vu le film, mais c'était quand même une bonne journée.「私たちは映画を見なかったけれど、それでも楽しい 1 日だった」とありますので、内容に一致していません。得点率は 83%でした。

全 10 問の平均得点率は 82%で、2022 年度秋季とくらべて 3 ポイント上がりました。読まれる長文において、内容の一致・不一致を問う 10 の設問の該当箇所は、それぞれ 1 文ないし 2 文です。つまり読まれるフランス語文のほぼすべてが解答にかかわっています。まず話の流れを見失わないことが肝要です。長文は 3 回読まれますので、そのあいだに質問のポイントをしっかり聞き取るようにしてください。

解答　(1) ①　(2) ②　(3) ②　(4) ②　(5) ①　(6) ①
(7) ②　(8) ①　(9) ①　(10) ②

1次試験配点表

筆記試験	1	2	3	4	5	6	7	小計	書き取り	小計	聞き取り	1	2	小計	合計
	8点	10	10	10	10	12	10	70		12		8	10	18	100

2 次試験

試験方法

音　読

問題カードに印刷された 35 語程度のフランス語の文章を音読します。配点は 10 点です。

試験の進行は基本的に春季と秋季で同じです。音読する前に、1 分間、黙読する時間があたえられます。そのあいだに内容や発音を確認しておきましょう。とくに、リエゾンすべき箇所と、逆に、してはならない箇所をきちんと確認しておきましょう。

また、フランス語は発音の規則がしっかりときまっていますので、日ごろからその規則を意識して音読する習慣を身につけておいてください。本番の試験では、個々のフランス語の発音だけでなく、文章全体のリズムにも留意しつつ、落ちついて読んでください。万一、読みまちがえても、訂正して読みなおすことがゆるされていますので、リラックスして、かつ明瞭な声で発音してください。

質問と答え

問題カードに印刷されたフランス語の文章についての 2 つの質問と、イラストについての 3 つの質問の合計 5 つの質問に答えます。質問と答えのやりとりは、すべてフランス語でおこなわれます。配点は、各質問 4 点、合計 20 点です。

各質問には、原則として、主語と動詞をふくむ完全なフランス語の文で答えてください。日常会話ならば主語や動詞をはぶいて答えても会話として成立することはありますが、ここでは正しくフランス語の文を構成する能力のあるなしが審査されていると考えてください。

また、質問のなかにでてくる名詞を答えのなかで繰り返す場合、代名詞にするほうが自然です。その名詞の性・数に合わせた代名詞に置きかえることができるかどうかも審査の対象となります。

印刷されたフランス語の文章についての質問は、ほとんどの場合、文章中に答えをみつけることができます。ただし、文章中の一部をそのまま抜きだしただけでは答えとしてふさわしくない場合もありますので、質問に応じてふさわしい形に整えて答えてください。

イラストについての質問は、qu'est-ce que、qu'est-ce qui、combien といった疑問詞をふくむもの、あるいは時刻や天候を問うものなど、だいたいパターンがきまっています。描かれた人やものの位置関係、あるいは数などに注意するのはもちろんですが、名詞の性・数や、冠詞にも気を配ってください。

解　説

A

音　読

夏の初めに Manon と彼女の兄弟が 140 頭の牛を山に連れていき、4 ヵ月後には村へ連れて帰るという内容の文章です。第 1 文の ont emmené のところはリエゾンをしてもしなくてもかまいませんが、vaches×à はリエゾンしません。また第 3 文の en‿octobre はかならずリエゾンをします。reviendront×au のところはリエゾンしないのが原則です。

質問と答え

音読した文章についての質問

Question 1 : Où est-ce que Manon et ses frères ont emmené leurs cent-quarante vaches ?「Manon と彼女の兄弟は、彼らの 140 頭の牛をどこへ連れていきましたか」という質問です。動詞は emmener の複合過去が用いられています。第 1 文の主語 Manon et ses frères を代名詞の ils に代えて Ils ont emmené leurs cent-quarante vaches à la montagne.「彼らは彼らの 140 頭の牛を山に連れていきます」と答えます。以下の設問においても同様ですが、主語を代名詞に代えること、主語・動詞のある完全な文を作ることを忘れないようにしましょう。それらをおこたると減点の対象となります。

さてこのとき、leur cent-quarante vaches を leurs vaches や les vaches とすることもできますし、もちろんそれを直接目的の人称代名詞 les にして、Ils les‿ont emmenées à la montagne.

としてもかまいません。ただしその場合、les‿ont はリエゾンが必要になります。また発音上の変化はありませんが、過去分詞 emmenées は直接目的語の les (= leurs cent-quarante vaches) に性・数一致して、語尾に女性複数を示す es が付きます。

Question 2 : Quand est-ce que Manon et ses frères reviendront au village ?「Manon と彼女の兄弟はいつ村に帰るのですか」という質問です。疑問詞の Quand‿est-ce que は、Quand と est-ce のあいだで、[d] ではなく [t] の音でリエゾンが起こりますので注意してください。さて、質問文の動詞は revenir の単純未来形が使われています。第2文 Pendant quatre mois, ils resteront là pour les garder.「4ヶ月のあいだ、彼らは牛たちの世話をするためにそこにとどまります」につづく第3文、Et en octobre, ils reviendront au village avec les bêtes.「10月に彼らは牛たちとともに村に帰ります」がこの質問に対する解答を示しています。これを使って、Ils‿y reviendront en‿octobre. と答えます。主語代名詞 ils と中性代名詞 y (= au village) のあいだ、および en‿octobre のところには、リエゾンが必要ですので注意してください。中性代名詞の y を用いずに、Ils reviendront au village en‿octobre. と答えてもかまいません。また、en‿octobre のかわりに、quatre mois plus tard「4ヵ月後に」と答えることもできます。

イラストについての質問

Question 3 : On voit combien de voitures ?「何台の車が見えますか」という質問です。2台ありますので、中性代名詞の en 用いて On‿en voit deux.「2台見えます」と答えます。このとき、On と中性代名詞 en のあいだはリエゾンされます。en を用いず、On voit deux voitures. と答えてもかまいません。なお、答える際には質問で使われている動詞表現を用いましょう。この場合は、On voit で答えます。*Il y* en *a* deux. や *Il y a* deux voitures. では正解になりませんので、くれぐれも留意してください。

Question 4 : La vache à droite, qu'est-ce qu'elle a sur la tête ?「右側の牛は、頭の上に何を持っていますか」という質問です。花が複数ありますので、Elle a des fleurs (sur la tête).「(頭の上に) 花を持っています」と答えます。なお、des fleurs のかわりに、un chapeau de fleurs や un bouquet de fleurs と答えてもかまいません。

Question 5 : Quel temps fait-il ?「どんなお天気ですか」という質問で、2次試験の定番問題の1つです。青い空に太陽が輝いているので、Il fait beau.「よい天気 (晴れ) です」と答えます。ほかに、Il fait beau temps. や Il fait (du) soleil. でもかまいません。さらには、Il y a du soleil. や Le soleil brille.「太陽が輝いている」といった解答も可能です。

解答例　(　　) 内は省略可。[　/　] は / の左右どちらでも可。

Question 1 : Ils les‿ont emmenées à la montagne. / Ils‿ont emmené [leurs / les] (cent-quarante) vaches×à la montagne.

Question 2 : Ils‿y reviendront en‿octobre. / Ils reviendront×au village en‿octobre.

Question 3 : On‿en voit deux. / On voit deux voitures.

Question 4 : Elle a des fleurs (sur la tête).

Question 5 : Il fait [beau (temps) / (du) soleil]. / Il y a du soleil. / Le soleil brille.

B

音　読

都会から自然が豊かな土地に移り住んだ Noémie がそこでの生活を楽しんでいるという内容の文章です。第2文の dans‿une はかならずリエゾンしなければなりませんが、第4文の peut admirer のところはリエゾンをしてもしなくてもかまいません。

質問と答え

音読した文章についての質問

Question 1 : Noémie, où est-ce qu'elle a longtemps habité ?「Noémie は長い間どこに住んでいましたか」という質問です。第 1 文 Noémie a longtemps habité en ville.「Noémie は長い間都会に住んでいました」の主語 Noémie を代名詞 Elle に代えて、あとはそのまま使います。Elle a longtemps habité en ville.「Noémie は長い間都会に住んでいました」と答えればよいのです。longtemps の位置を動詞部分のあとに置いて、Elle a habité longtemps en ville. と答えてもかまいません。

Question 2 : Pourquoi Noémie est contente ?「なぜ Noémie は満足しているのですか」という質問です。第 3 文 Elle est contente parce qu'elle adore la nature.「彼女は自然が大好きなので満足しています」の従属節 parce que 以下がそのまま求められる解答になります。したがって、Parce qu'elle adore la nature.「彼女は自然が大好きだからです」と答えます。また文頭に Elle est contente を残して答えてもかまいません。

イラストについての質問

Question 3 : Combien de chevaux y a-t-il ?「何頭の馬がいますか」という質問です。絵には 3 頭描かれていますので、Il y en‿a trois. あるいは Il y a trois chevaux.「3 頭います」と答えます。il y a 構文で数を答える定番の問題です。中性代名詞の en と母音または無音の h で始まる動詞のあいだにはかならずリエゾンが起こりますので、注意してください。

Question 4 : La femme, qu'est-ce qu'elle porte au bras gauche ?「女性は左腕に何を持っていますか」という質問です。イラストのなかに女性は 1 人しかいませんので、質問文では la femme と定冠詞が付いています。この女性は右手にキノコを 1 つ、左腕には手さげかばんを持っています。問われているのは左腕に持っているものですので、Elle porte un sac. が答えになります。この場合、porter と同じ意味を表わす動詞 avoir を用いて、Elle a un sac. とすることもできます。また「手さげかばん」は un sac à main としてもけっこうです。文の最後に au bras gauche「左腕に」を加えてもかまいません。

Question 5 : Le garçon, qu’est-ce qu’il fait ?「少年は何をしているのですか」という質問です。少年も 1 人しかいませんので、質問文では定冠詞の付いた le garçon となっています。イラストからこの少年が歌を歌っていることがわかりますので、Il chante.「彼は歌っている」と答えます。もちろん、Il chante une chanson.「彼は歌を歌っている」でもかまいません。

解答例　(　　) 内は省略可。[　/　] は / の左右どちらでも可。

Question 1 : Elle a [longtemps habité / habité longtemps] en ville.

Question 2 : (Elle est contente) Parce qu’elle adore la nature.

Question 3 : Il y en‿a trois. / Il y a trois chevaux.

Question 4 : Elle [porte / a] un sac (à main) (au bras gauche).

Question 5 : Il chante (une chanson).

2023年度秋季
実用フランス語技能検定試験
筆記試験問題冊子　〈準 2 級〉

問題冊子は試験開始の合図があるまで開いてはいけません。

筆 記 試 験　10 時 00 分 ～ 11 時 15 分
(休憩 20 分)

書き取り
聞き取り 試験　11 時 35 分から約 25 分間

◇**筆記試験と書き取り・聞き取り試験の双方を受験しないと欠席になります。**

◇問題冊子は表紙を含め 12 ページ、全部で 7 問題です。

注　意　事　項

1　途中退出はいっさい認めません。

2　筆記用具は **HB または B の黒鉛筆** (シャープペンシルも可) を用いてください。ボールペンや万年筆等でマークした解答は機械による読み取りの対象とならないため、採点されません。

3　解答用紙の所定欄に、**受験番号**と**カナ氏名**が印刷されていますから、まちがいがないか、**確認**してください。

4　**マーク式の解答は、解答用紙の解答欄にマークしてください**。たとえば、1 の (1) に対して ③ と解答する場合は、次の例のように解答欄の ③ にマークしてください。

例　1

解答番号	解　答　欄
(1)	① ② ● ④ ⑤ ⑥

5　記述式の解答の場合、正しく判読できない文字で書かれたものは採点の対象となりません。

6　解答に関係のないことを書いた答案は無効にすることがあります。

7　解答用紙を折り曲げたり、破ったり、汚したりしないように注意してください。

8　問題内容に関する質問はいっさい受けつけません。

9　不正行為者はただちに退場、それ以降および来季以後の受験資格を失うことになります。

10　**携帯電話等の電子機器の電源はかならず切って、かばん等にしまってください**。通信機能のある時計は使用を禁じます。

11　**時計のアラームは使用しないでください**。

12　この試験問題の複製 (コピー) を禁じます。また、この試験問題の一部または全部を当協会の許可なく他に伝えたり、漏えいしたりすることを禁じます (インターネットや携帯サイト等に掲載することも含みます)。

1　次の (1) ～ (4) の (　　) 内に入れるのにもっとも適切なものを、下の ① ～ ⑥ のなかから 1 つずつ選び、解答欄のその番号にマークしてください。ただし、同じものを複数回用いることはできません。(配点　8)

(1) Elle va emmener ses enfants (　　) vacances.

(2) Il a arrêté de fumer (　　) toujours.

(3) J'installe la table (　　) le mur.

(4) Les prix ont augmenté (　　) 5 % en un an.

① avec　　② contre　　③ de
④ en　　⑤ par　　⑥ pour

(解説・解答 ▶ p.210)

2

次のフランス語の文 (1) ～ (5) が、それぞれあたえられた日本語の文が表わす意味になるように、(　　) 内に入れるのにもっとも適切な語 (各 1 語) を、**示されている最初の文字とともに、**解答欄に書いてください。(配点　10)

(1) Ce n'est (r　　)!
だいじょうぶですよ。

(2) J'en ai (a　　)!
もううんざりだ。

(3) Je te présente ma (m　　) amie.
一番の親友を君に紹介します。

(4) N'(o　　) pas d'apporter votre passeport.
かならずパスポートを持ってきてください。

(5) Toutes mes (f　　) pour ton mariage!
結婚おめでとう。

(解説・解答 ▶ p.211)

3 次の (1) ～ (5) について、**A**、**B** がほぼ同じ意味になるように、(　　) 内に入れるのにもっとも適切なものを、下の語群から1つずつ選び、必要な形にして解答欄に書いてください。ただし、同じものを複数回用いることはできません。(配点　10)

(1) **A** À votre place, nous l'aiderions.

B Si nous (　　) vous, nous l'aiderions.

(2) **A** Elle a terminé ses études à l'université en septembre.

B Elle (　　) de l'université en septembre.

(3) **A** Ne soyez pas trop pressé !

B Ne (　　) pas trop !

(4) **A** Quelle est ton impression sur ce film ?

B Comment (　　)-tu ce film ?

(5) **A** Simone se séparera de Léo.

B Simone (　　) Léo.

être	prendre	quitter	se dépêcher
sortir	trouver	vouloir	

(解説・解答 ▶ p.213)

4 次の対話 (1) ～ (5) の（　　）内に入れるのにもっとも適切なものを、下の ① ～ ⑦ のなかから1つずつ選び、解答欄のその番号にマークしてください。ただし、同じものを複数回用いることはできません。(配点　10)

(1) — C'est une bonne équipe ?
— Bien sûr. Les membres se connaissent bien les (　　) les autres.

(2) — Hier, il y a eu un accident près d'ici.
— Oui, c'est la raison pour (　　) j'ai pris une autre route ce matin.

(3) — Il n'y a pas assez de gâteaux ?
— Si, il y en a un pour (　　) enfant.

(4) — Tu as soif ?
— Oui, très ! Je voudrais boire (　　) de frais.

(5) — Vous pouvez venir demain à dix heures ?
— Oui, je pense. Au cas (　　) je serais en retard, je vous appellerai à l'avance.

① aucun	② ceux	③ chaque	④ laquelle
⑤ où	⑥ quelque chose	⑦ uns	

(解説・解答 ▶ p.216)

5　次の文章を読み、(1)～(5)に入れるのにもっとも適切なものを、それぞれ右のページの ① ～ ③ のなかから 1 つずつ選び、解答欄のその番号にマークしてください。(配点 10)

Un matin, quand Marie faisait ses courses au marché, elle a remarqué des poubelles* pleines de légumes frais. D'abord, elle a été étonnée, (1) s'est sentie triste. Elle a demandé aux marchands pourquoi ils les avaient jetés. Selon eux, ils le font (2) mais ils n'ont pas le choix : personne ne veut acheter ces légumes un peu trop gros ou trop petits. Pourtant, ils sont sûrs que ces légumes-là sont aussi bons que des légumes « normaux ». C'est pourquoi ils pensent eux aussi (3).

Un jour, Marie est allée voir le responsable du marché pour lui dire qu'elle voulait ouvrir un petit restaurant près de là. Elle lui a parlé des plats qui seraient faits avec les légumes non vendus et il a aimé son projet. (4) que le petit restaurant de Marie a ouvert. C'est un vrai succès, et il y a toujours du monde. Évidemment, les poubelles du marché sont aujourd'hui (5).

* poubelle : ごみ箱

(1) ① et cependant elle
② et ensuite elle
③ tandis qu'elle

(2) ① avec plaisir
② contre leur volonté
③ sans réfléchir

(3) ① que c'est dommage
② qu'ils ne peuvent rien faire
③ qu'ils ne s'y intéressent pas

(4) ① C'est
② C'est ainsi
③ Il est clair

(5) ① aussi remplies qu'avant
② presque vides
③ toujours pleines

(解説・解答 ▶ p.218)

6　次の文章を読み、右のページの (1) ～ (6) について、文章の内容に一致する場合は解答欄の ① に、一致しない場合は ② にマークしてください。(配点　12)

Véronique, qui a un handicap*, vit en fauteuil roulant**. Et son chien de trois ans, Léon, l'accompagne pour l'aider. Il est arrivé chez elle il y a un an. Il ramasse tout ce qu'elle fait tomber par terre : ses clés, ses lunettes, son portable, etc. Il lui donne aussi certains objets qui se trouvent sur les tables, comme le journal ou les magazines.

Léon peut même porter un petit sac de courses. Il peut aussi prévenir les gens quand elle se sent mal. « Il suffit que je ferme les yeux pendant quelques secondes, et il se met à aboyer*** », explique Véronique.

Ce chien lui permet aussi d'avoir plus de relations sociales. « Le handicap fait encore un peu peur aux gens, surtout quand on a un handicap lourd », remarque Véronique. « Avant, les gens hésitaient à venir me parler. Mais aujourd'hui, grâce à Léon, ils disent : “Il est beau, votre chien !” et la conversation commence. »

* handicap : 障害
** fauteuil roulant : 車いす
*** aboyer : ほえる

(1) Quand Léon est arrivé chez Véronique, il avait un an.

(2) Léon peut apporter à Véronique des choses qui sont sur une table.

(3) Léon aide Véronique à faire des courses.

(4) Quand Véronique se sent mal, elle le fait savoir à Léon en fermant les yeux.

(5) Selon Véronique, les gens n'ont plus peur du handicap.

(6) Selon Véronique, elle peut avoir plus de relations sociales grâce à son chien.

（解説・解答 ▶ p.221）

7　次の会話を読み、(1) ~ (5) に入れるのにもっとも適切なものを、それぞれ右のページの ① ~ ③ のなかから 1 つずつ選び、解答欄のその番号にマークしてください。(配点 10)

Ève : Salut, Axel. (1) ?
Axel : Pas du tout. Quoi de neuf ?
Ève : J'ai reçu un mail étrange de mon père.
Axel : (2) ?
Ève : Il dit qu'il veut nous offrir dix mille euros pour notre mariage.
Axel : C'est gentil ! (3), alors ?
Ève : Il veut les informations de mon compte en banque et (4) il m'appelle Éva au lieu d'Ève dans son mail. Comment il peut se tromper comme ça ?
Axel : (5), c'est étrange. Attention, ça peut être un faux message. J'en reçois beaucoup, moi aussi.
Ève : Je vais téléphoner à mon père pour vérifier*.

* vérifier : 確かめる

(1) ① Il s'agit de quoi
② Je te dérange
③ Tu penses à quoi

(2) ① À quel sujet
② Il t'écrit souvent
③ Quand

(3) ① Il est petit
② Quel est le problème
③ Tu as l'air heureuse

(4) ① en plus
② par hasard
③ sûrement

(5) ① En effet
② En réalité
③ Pourtant

(解説・解答 ▶ p.223)

2023年度秋季
実用フランス語技能検定試験
聞き取り試験問題冊子　〈準 2 級〉

書き取り・聞き取り試験時間は、
11 時 35 分 から 約 25 分 間

先に書き取り試験をおこないます。解答用紙表面の書き取り試験注意事項をよく読んでください。書き取り試験解答欄は裏面にあります。

この冊子は指示があるまで開かないでください。

◇筆記試験と書き取り・聞き取り試験の双方を受験しないと欠席になります。
◇問題冊子は表紙を含め 4 ページ、全部で 2 問題です。

書き取り・聞き取り試験注意事項

1　途中退出はいっさい認めません。
2　書き取り・聞き取り試験は、CD・テープでおこないます。
3　解答用紙の所定欄に、**受験番号**と**カナ氏名**が印刷されていますから、まちがいがないか、**確認**してください。
4　CD・テープの指示にしたがい、中を開いて、日本語の説明をよく読んでください。フランス語で書かれた部分にも目を通しておいてください。
5　解答はすべて別紙の書き取り・聞き取り試験解答用紙の解答欄に、**HB または B の黒鉛筆**（シャープペンシルも可）で記入またはマークしてください。ボールペンや万年筆等でマークした解答は機械による読み取りの対象とならないため、採点されません。
6　問題内容に関する質問はいっさい受けつけません。
7　**携帯電話等の電子機器の電源はかならず切って、かばん等にしまってください。**通信機能のある時計は使用を禁じます。
8　**時計のアラームは使用しないでください。**
9　この試験問題の複製（コピー）を禁じます。また、この試験問題の一部または全部を当協会の許可なく他に伝えたり、漏えいしたりすることを禁じます（インターネットや携帯サイト等に掲載することも含みます）。

書き取り・聞き取り試験

書き取り試験

注意事項

フランス語の文章を、次の要領で4回読みます。全文を書き取ってください。

- 1回目、2回目は、ふつうの速さで全文を読みます。内容をよく理解するようにしてください。
- 3回目は、ポーズをおきますから、その間に書き取ってください（句読点も読みます）。
- 最後に、もう1回ふつうの速さで全文を読みます。
- 読み終わってから2分後に、聞き取り試験にうつります。
- 数を書く場合は、算用数字で書いてかまいません。（配点　12）

［音声を聞く順番］　㉖→㉖→㉗→㉖

（解説・解答 ▶ p.226）

聞き取り試験

1

- まず、Clément と Manon の会話を聞いてください。
- つづいて、それについての5つの質問を読みます。
- もう1回、会話を聞いてください。
- もう1回、5つの質問を読みます。1問ごとにポーズをおきますから、その間に、答えを解答用紙の解答欄にフランス語で書いてください。
- それぞれの（　　）内に1語入ります。
- 答えを書く時間は、1問につき10秒です。
- 最後に、もう1回会話を聞いてください。
- 数を記入する場合は、算用数字で書いてください。

（メモは自由にとってかまいません）（配点　8）

［音声を聞く順番］　㉘→㉙→㉘→㉚→㉘

(1)　Ils ont la (　　　) rouge et la poitrine (　　　).

(2)　Ils (　　　) sur le (　　　).

(3)　Non, c'est la (　　　) fois qu'elle les voit.

(4)　Parce qu'avec les photos, il pense qu'il pourra (　　　) le (　　　) des oiseaux facilement.

(5)　Elle lui demande de lui envoyer un message le plus tôt (　　　).

(解説・解答 ▶ p.227)

2

- まず、Julien の話を 2 回聞いてください。
- 次に、その内容について述べた文 (1) ～ (10) を 2 回通して読みます。それぞれの文が話の内容に一致する場合は解答欄の ① に、一致しない場合は ② にマークしてください。
- 最後に、もう 1 回 Julien の話を聞いてください。
（メモは自由にとってかまいません）（配点　10）

［ 音声を聞く順番 ］　㉛ → ㉛ → ㉜ → ㉜ → ㉛

(解説・解答 ▶ p.231)

2　次　試　験

試験方法

◯2次試験は個人面接です。(面接時間：約5分)
◯係員の指示で、ひとりずつ面接室に入ります。
◯入室したら面接委員が着席するよう日本語で指示します。
◯着席すると、面接委員が受験者の名前と受験級を日本語で確認します。
◯次に面接委員が、フランス語の文とイラストがある「問題カード」をわたし、黙読するように指示します。黙読の時間は1分間です。このとき、イラストもよく見ておいてください。
◯黙読が終わると、次に音読するように指示されます。よく聞こえるように読んでください。
◯音読が終わると、面接委員が「問題カード」の文の内容およびイラストに関してフランス語で5つの質問をしますから、フランス語で答えてください。答える際に「問題カード」を見てもかまいません。
◯質問が終わると、面接委員がその旨を告げますから、「問題カード」を面接委員にかえして退室します。

＊注意＊　試験入室前に携帯電話等の電子機器の電源を切ってください。

2023年度秋季実用フランス語技能検定試験　準2級2次試験

問題カードA

㉝

Ce matin, Camille est allée acheter un nouveau sac pour l’été avec une amie. Devant le grand magasin, il y avait des musiciens brésiliens. Avant d’entrer, elles se sont arrêtées un instant pour les écouter.

問題カードA

A （2023 年度秋季）

㉞

Question 1：Quand est-ce que Camille est allée acheter son nouveau sac ?

Question 2：Où étaient les musiciens ?

Question 3：Il y a combien de CD devant les musiciens ?

Question 4：L'homme à droite, qu'est-ce qu'il fait ?

Question 5：Qu'est-ce qu'il y a à côté de la jeune femme ?

（解説・解答例 ▶ p.237）

2023年度秋季実用フランス語技能検定試験　準2級2次試験

問題カードB

㉟

Paul aime beaucoup l'art. Il fait de la peinture le week-end. Demain, il ira dans un petit village pour voir l'exposition d'un peintre célèbre. Elle aura lieu dans la maison où l'artiste est né.

問題カードB

B （2023 年度秋季）

36

Question 1：Quand est-ce que Paul fait de la peinture ?

Question 2：Où aura lieu l’exposition dans le village ?

Question 3：Vous voyez combien de personnes ?

Question 4：L’homme à gauche, qu’est-ce qu’il dessine ?

Question 5：Quel temps fait-il ?

（解説・解答例 ▶ p.240）

2023 年度秋季準 2 級

2023 年度秋季の準 2 級出願者数は、1 次試験免除者数 46 名を合わせて 1364 名、実受験者数は 1195 名でした。1 次試験の平均点は 57 点（満点 100 点）、合格基準点は 52 点、合格者は 701 名、合格率は 58.7%でした。前年度秋季と比較すると、平均点は 2 点、合格基準点は 3 点下がり、いずれも過去最低を記録しました。

2 次試験の受験者は、1 次試験免除者 46 名をふくめた 706 名で、合格基準点は 17 点（満点 30 点）、合格者数は 600 名、最終合格率は 50.0%でした。

出題内容のあらまし

1次［筆記］

1 前置詞（穴うめ・選択）
2 フランス語文の完成（和訳／穴うめ・記述）
3 フランス語文の完成（動詞を選択活用／穴うめ・記述）
4 対話文完成（穴うめ・選択）
5 長文完成（売れ残りの野菜を利用したレストラン／穴うめ・選択）
6 長文読解（介助犬との生活／内容一致・選択）
7 会話文完成（フィッシングメール？／穴うめ・選択）

［書き取り］（聞き取りと合わせて約25分）

平易な短い文章の書き取り（昨年生まれた孫）

［聞き取り］

1 会話文の聞き取り（初めて見る鳥／仏問仏答完成／穴うめ・記述）
2 長文聞き取り（郊外に転居し在宅勤務／内容一致・選択）

2次［面接］

個人面接方式。面接委員の指示にしたがって、フランス語の文章を音読し、フランス語の質問にフランス語で答える。試験時間は約5分。

1 次 試 験

筆記試験

解説・解答

1　**解説**　フランス語の文の（　　）内に入れるのにもっとも適切な前置詞を6つの選択肢から選ぶ問題です。問題数は4、配点は各問2点、合計8点です。

以下、正答を入れたフランス語の文に日本語訳を添えて解説していきます。

(**1**) Elle va emmener ses enfants (en) vacances.「彼女は子どもたちをバカンスに連れていく」。en vacances「バカンスに、休暇（中）で」はこのほかにも partir や être などの動詞と組み合わせて用いられることの多い定型表現です。en には「場所」、「時間」、「状態」などを表わすさまざまな用法がありますが、たいていの場合、うしろに無冠詞の名詞がきます。過去には、en fleurs「花盛りの」、en gare「駅に」、en noir「黒い服で」、en panne「故障して」、en photo「写真に」などが出題されています。得点率は4問中もっとも高く、69%でした。

(**2**) Il a arrêté de fumer (pour) toujours.「彼はタバコをきっぱりやめた」。「予定の時期・期間」を表わす pour の用法です。たとえば、Nous avons réservé une chambre pour trois nuits.「私たちは3泊の予定で部屋を予約しました」、Pour combien de temps allez-vous rester à Paris ?「どのくらいの予定でパリに滞在なさるのですか」のように用います。ここでは「予定の期間」は toujours「つねに」なので、「永久に、きっぱり」という意味になります。pour toujours は日常会話でよく使われますので、熟語として覚えておいてもよいでしょう。得点率は4問中もっとも低く、28%でした。

(**3**) J'installe la table (contre) le mur.「私は壁際にテーブルを設置する」。contre は「対立」、「敵対・対抗」、「予防・防護」などのほか、「近接・接触」

を表わす用法もあり、「～のそばに、～に接して」を意味します。poser une échelle contre le mur「はしごを壁に立てかける」、s'appuyer contre un arbre「木にもたれかかる」などもほぼ同様の用法です。得点率は 67%でした。

(4)　Les prix ont augmenté (de) 5 % en un an.「物価は 1 年で 5%上昇した」。このdeは「数量の差」を表わす用法です。同じ用法の例として、Elle est plus âgée que son mari de trois ans.「彼女は夫よりも 3 歳年上だ」(2013 年春季)、Ma montre avance d'une minute.「私の時計は 1 分進んでいる」などがあります。ちょうど準 2 級レベルに見合った問題と言えますが、得点率は伸び悩み、38%でした。

全体の得点率は 51%で、2022 年度秋季にくらべると 21 ポイントも下落しました。前置詞は数が限られていますので、過去問をできるだけ多く解くことがもっとも効果的かつ効率的な学習法と言えるでしょう。準 2 級レベルの前置詞とその用法でしたら、4～5 年分（春季・秋季合わせて 8～10 回分）の過去問にあたれば、基本的なものはほぼすべてカバーすることができるはずです。

解答　(1) ④　(2) ⑥　(3) ②　(4) ③

2

解説　下に示された日本語に対応させる形で、フランス語の文に欠落している語をおぎなう記述式の問題です。問題数は 5、配点は各問 2 点、合計 10 点です。

以下、正答を入れたフランス語の文に日本語訳を添えて解説していきます。

(1)　Ce n'est (rien) !「だいじょうぶですよ」。これが否定文であることはすぐにわかります。ここでは、否定のバリエーションのひとつ、ne... rien「なにも～ない」を選びます。「それはなんでもないことですよ」、すなわち「だいじょうぶですよ」ということになります。*raison* や *risque* などの誤答が若干見うけられましたが、全体的にはよくできていました。得点率は 4 問中もっとも高く、90%でした。

(2)　J'en ai (assez) !「もううんざりだ」。en が中性代名詞であるとすると、空欄にはなんらかの数量を表わす語がくることが予想されます。a で始まり、あたえられた日本語の内容に見合うのは、assez です。もともとは〈 assez de ＋無冠詞名詞〉「十分な〜」だったわけですが、もうこの形で日常会話でよく使われる定形表現になっています。直訳すれば「私はそれを十分にもっている」ですが、だから「もういらない」、「もうたくさんだ、うんざりだ」と比較的容易に結びつくはずです。得点率は 36％でした。assez 自体は 5 級レベルの語彙ですので、もう少しできていてもよかったところです。誤答としては、*arrivé*、*arrêté*、*aucun*、*aussi* などがありました。

(**3**)　Je te présente ma (meilleure) amie.「一番の親友を君に紹介します」。先に誤答を見ておくと、*mieux* がその約 2 割を占めていました。これは副詞で、bien の比較級です。空欄は ma と amie の間にあるので、副詞ではなく形容詞を入れなければなりません。性・数も考慮して、bonne の比較級 meilleure が正解です。ほかにも、男性・単数形 *meilleur* にしてしまった惜しい誤答が相当数ありました。最上級を作るときは定冠詞と組み合わせるのが基本ですが、この場合のように、所有形容詞と組み合わせても最上級の意味（「私のもっともよい友だち」）になります。得点率は 26％とふるいませんでした。

(**4**)　N'(oubliez) pas d'apporter votre passeport.「かならずパスポートを持ってきてください」。直訳すれば「パスポートを持ってくることを忘れないでください」となります。否定文ですので、「忘れる」、「おこたる」、「省く」といったような意味で、o で始まる動詞をさがし、votre に合わせて vous に対する命令形にします。誤答例としては、つづりのまちがい *obliez* がもっとも多く、次いで tu に対する命令にしてしまった *oublie*、日本語母語話者にはありがちな l と r をとりちがえた *oubriez*、そもそも動詞の選択を誤った *ouvrez*、*obligez*、命令形以外の形にしてしまった *oublier*、*oublié* などが散見しました。得点率は 42％でした。

(**5**)　Toutes mes (félicitations) pour ton mariage !「結婚おめでとう」。félicitations「祝福のことば、賛辞」はふつう複数形で用いられます。『仏検公式基本語辞典』では 4 級レベルの語彙として設定されており、例文として Félicitations pour votre mariage.「ご結婚おめでとうございます」が載っています。ここでは文頭、空欄の直前に toutes mes があり、これが複数形にしなければならないというヒントになっています。誤答で多かったのは、アクサン記号のない *felicitations*、単数形 *félicitation*、さらにそのふたつの誤りを重ねた *felicitation* などです。*fêtes* と解答したものもありましたが、これでは「おめでとう」の意味にはなりません。

得点率は 4 問中もっとも低く、15%でした。

全体の得点率は 42%で、2022 年秋季とくらべて 4 ポイント、2023 年春季とくらべて 1 ポイント下がっています。この問題の攻略法として、フランス語と日本語の文を突き合わせて、形式（文法）と意味内容の両面から論理的につめていくことはもちろん大切なのですが、日常会話でよく使われる定形表現をそのまま覚えておくというのも有効であり、むしろそのほうが手っ取り早い場合があります。ふだんからフランス語での会話を実践したり、視聴覚教材や映画などで会話の場面を視聴したり、できるだけ多く過去問にあたるよう心がけましょう。

解答 (1) rien　(2) assez　(3) meilleure
(4) oubliez　(5) félicitations

3 **解説** 提示されたフランス語文とほぼ同じ意味になるフランス語文を完成させる問題です。完成させるべき文の空欄に、下にあたえられた 7 つの動詞から適合するものを 1 つ選び、法や時制も考慮して、適切な形に変化させます。記述式の問題で、問題数は 5、配点は各問 2 点、合計 10 点です。

A の文に日本語訳を付したうえで解説していきます。

(1) **A** À votre place, nous l'aiderions.「あなた（がた）の立場なら、私たちは彼／彼女を助けるでしょう」。まずは **A** が前置詞句から始まる単文で、動詞が条件法現在であることに注目します。**B** の前半は接続詞 si から始まる従属節で、後半の主節は **A** の主要部分と同一です。ここまでで、**B** の従属節は **A** の冒頭にある前置詞句を書きかえたものであることがわかります。してみると、**B** は、現在の事実に反する仮定を表わす条件法現在の典型的な用法、〈 si ＋直説法半過去＋条件法現在 〉の形になるはずです。「あなた（がた）の立場なら」というのは、「もし仮に私たちがあなた（がた）だったら」とほぼ同じ意味ですから、選択肢から être を選び、それを直説法半過去形にすれば正解です。全体では、Si nous (étions) vous, nous l'aiderions. となります。ちなみにこの vous は属詞ですので強勢形です。nous と vous は主語、直接目的語、間接目的語、強勢形の形がそれぞれ全部同じなので、文のなかでどのような役割を担っているのか見きわめる必要があります。ここでは、vous が動詞部分のあとにある、すなわち補語人称代名詞ではないというのが大きなヒントになっており、これだけで他動詞と、属詞をともなわない自動詞を排除することができます。誤答例としては、直説法現在形 *sommes*、条件法現在形 *serions*、接続法現在形 *soyons*、アクサン記号のない *etions* や、別の動詞を選んだものもありました。得点率は5問中もっとも低く、24%でした。

(2)　**A**　Elle a terminé ses études à l'université en septembre.「彼女は9月に大学での学業を終えた」。**B** は「大学を卒業した」というような意味になればよいわけですが、空欄の直後にある de l'université と組み合わせて「卒業する」を表わすことができるのは sortir です。これを **A** と同じ複合過去にします。助動詞は être になりますので、過去分詞を主語と性・数一致させます。正解は、Elle (est sortie) de l'université en septembre.「彼女は9月に大学を出た（＝卒業した）」です。誤答でめだったのは *a quitté* です。たしかに quitter は「去る、別れる」という意味がありますが、他動詞ですので、前置詞 de が不要になります。ほかにも、助動詞を avoir にしてしまった *a sorti*、性・数一致をし損ねた est *sorti*、過去分詞のみ（しかも性・数一致なし）の *sorti* などが散見しました。得点率は(1)よりもかろうじて1ポイント上の25%でした。

(3)　**A**　Ne soyez pas trop pressé !「急ぎすぎないでください」。これは動詞が être で、vous に対する命令になっています。**B** には形容詞 pressé「急いでいる」がありませんので、動詞部分だけで「急ぐ」を意味することが求められます。選択肢から se dépêcher「急ぐ」を選び、これを **A** と同様 vous に対する命令形にします。正解は Ne (vous dépêchez) pas trop !「急ぎすぎないでください」です。代名動詞の肯定命令は再帰代名詞と動詞を倒置させますが (dépêchez-vous)、否定命令の場合は、このように主語を落としただけの形になります。ほかの動詞を選択した誤答が多かった、ということは、se dépêcher の意味を知らない受験者が多かった、ということでしょう。dépêcher は『仏検公式基本語辞典』では 4 級レベルに設定されている語です。準 2 級を受験するにあたっては、まず 3 級までの語彙を確実に身につけておくことが必要不可欠になります。得点率は 27％でした。

(4)　A　Quelle est ton impression sur ce film ?「この映画についての君の印象はどんなもの？」この文の主語は ton impression であり、それが「どのようなものか」を疑問形容詞で尋ねています。**B** は **A** とまったくことなる文型で、疑問副詞 comment から始まり、主語 tu と空欄部分の動詞が倒置されています。ce film には前置詞が付いていないので、これが直接目的語と考えられます。選択肢のうち、この文型で、**A** とほぼ同じ意味を表わすことができるのは trouver です。この動詞には、〈 trouver ＋直接目的語＋属詞 〉の形で、「（人／もの）を～と思う」を表わす用法があります。正解は Comment (trouves)-tu ce film ?「君はこの映画をどう思う？」です。倒置しない Tu trouves ce film comment ? のほうが文型がわかりやすいでしょうか。誤答でめだったのは *trouve*、*trouvez* などです。第 1 群規則動詞なので、活用の誤りはなんとしても避けたいところです。また、おそらく映画を観終わったあとだからということで *as trouvé* と解答したものもありましたが、「どう思っているのか」はあくまで現在の時点でのことです。もし複合過去なら、as-tu trouvé もしくは tu as trouvé になるはずですので、形のうえからも判断できます。得点率は 5 問中もっとも高く、57％でした。

(5)　A　Simone se séparera de Léo.「Simone は Léo と別れるだろう」。séparer「分ける、引き離す」の代名動詞 se séparer de...「～と別れる」が単純未来形で使われています。**B** では空欄の動詞のあとに前置詞がありませんので、Léo は直接目的語です。よって選択すべきは他動詞で、「別れる」を意味する quitter ということになります（上記(2)参照）。これを単純未来形に活用させ、Simone (quittera) Léo. とすれば **A** とほぼ同じ意味になります。誤答としては、*se dépêchera*、*sortira* など、別の動詞を選択してしまったものが相当数ありました。得点率は 42％でした。

　今回の全 5 問の平均得点率は 35％で、2023 年春季とくらべると 12 ポイント上がり、なんとか2022年秋季と同じ水準までもちなおした格好です。

この設問は、5問のうちできれば3問、少なくとも2問は確実に取れるようにしておきたいところです。動詞は文の構造をきめるもっとも重要な要素です。辞書で不定詞の意味を調べるだけでなく、活用と用法をしっかり身につけて、正確に書けるようにしておきましょう。

解答　(1) étions　(2) est sortie　(3) vous dépêchez
(4) trouves　(5) quittera

4　**解説**　対話文の空欄に入るもっとも適切な疑問代名詞、関係代名詞、不定代名詞、疑問形容詞、不定形容詞などを、下の7つの選択肢から選ぶ問題です。問題数は5、配点は各問2点、合計10点です。

空欄をおぎなう形で日本語訳を付しながら、解説していきます。

(1)　C'est une bonne équipe ?「それはよいチームですか？」という問いに対して、Bien sûr. Les membres se connaissent bien les (　　) les autres.「もちろん。メンバーたちは（　　）よく知っています」と答えています。空欄の前に、おそらく定冠詞であろうlesがあるので、複数形のものが入ることがわかります。これだけで選択肢は② ceuxと⑦ unsの2つにしぼられます。さらに、空欄のうしろがles autresとなっていること、主語が複数で、動詞がse connaissentと代名動詞であることも大きなヒントになります。総合すると、正解は⑦ unsで、「メンバーたちはお互いのことをよく知っています」となります。このようにles uns les autresを付け加えると、代名動詞の相互的用法（「互いに〜し合う」）がより明確になります。不定代名詞un(e)(s)とautre(s)を組み合わせた形、たとえばl'un et l'autre「一方と他方」、l'une ou l'autre「一方あるいは他方」、ni l'un ni l'autre「両者のいずれも〜ない」、les uns aux autres「一方が他方に（＝互いに）」などは、熟語として覚えておいてもよいでしょう。得点率は59％で、5問中では最低でした。

(2)　Hier, il y a eu un accident près d'ici.「きのうこの近くで事故があった」という発言に対して、Oui, c'est la raison pour (　　) j'ai pris une autre route ce matin.「そう、だから私はけさ別の道を通ったんだ」と応じています。空欄の前後の部分は、いずれも主語と動詞があり、文を構成する主要な要素はそろっています。空欄の直前の pour もふくめて考えると、ここに入りうるのは関係代名詞か接続詞 que くらいですが、もし pour que なら接続法になっているはずですし、そもそも選択肢に que はありません。正解は、女性・単数の名詞 la raison を先行詞とする関係代名詞 ④ laquelle です。raison「理由」は、前置詞 pour をともなって、la raison pour laquelle elle apprend le français「彼女がフランス語を学ぶ理由」、Pour quelle raison ne sont-ils pas venus ?「どんな理由で彼らは来なかったのですか」のように使われることがよくあります。C'est la raison pour laquelle...「そのようなわけで～」は、日常会話でもよく用いられます。定型表現として覚えておくとよいかもしれません。得点率は(1)と同じ 59%でした。

(3)　Il n'y a pas assez de gâteaux ?「十分な数のお菓子があるんじゃないの？」と尋ねたのに対し、Si, il y en a un pour (　　　) enfant.「あるよ、(　　) 子どもに 1 個」と答えています。問いの文では「お菓子」を意味する gâteaux が複数形なのに対して、答えの文では il y en a un「それがひとつある」となっており、enfant も単数形であることに注意しましょう。論理的に考えて、空欄に入るのは、「それぞれの」を意味する形容詞です。正解は ③ chaque です。それぞれの子どもひとつずつ、つまり子どもの人数と同じ、十分な数のお菓子がある、ということです。ちなみに、不定形容詞 chaque には単数形しかないのですが、〈tous (toutes) les + 名詞の複数形〉が〈chaque + 名詞の単数形〉にしばしば変換可能です。たとえば、tous les jours「毎日」は chaque jour に、toutes les fois「毎回」は chaque fois に、それぞれ言いかえることができます。得点率は 64%でした。

(4)　Tu as soif ?「のどがかわいてる？」と尋ねられ、Oui, très ! Je voudrais boire (　　　) de frais.「うん、すごく。(　　) 冷たいの飲みたいな」と答えています。形容詞 frais の前に前置詞 de があることに注意しましょう。これはあらかじめ知っておかなければならないことですが、不定代名詞 quelqu'un「だれか」、quelque chose「なにか」は、形容詞を付ける場合、うしろに〈de + 形容詞（男性・単数形）〉を置きます。文脈を考慮すると、正解は ⑥ quelque chose です。のどがかわいているので「なにか冷たいものを飲みたい」わけです。形容詞 frais は男性形では単数と複数が同形ですが、ここは単数のほうです。ちなみに女性形は fraîche(s) / fraiche(s) です（正字法改正の関係でアクサン・シルコンフレクスはあってもなくてもよいことになっています)。得点率は5問中もっとも高く、88%でした。

(5) Vous pouvez venir demain à dix heures ?「あした6時に来ることができますか？」という問いかけに、Oui, je pense. Au cas (　　　) je serais en retard, je vous appellerai à l'avance.「だいじょうぶだと思います。万が一遅れる場合には、事前にお電話いたします」と応答しています。空欄部分を日本語訳に反映させることはむずかしいのですが、まずはje serais en retardが文の構造上欠けている要素がなく、動詞が条件法現在形であることに着目します。これをcas「場合」とどうつなげるかを考えると、空欄には⑤ oùが入ることがわかります。関係代名詞としてのoùは先行詞が時間あるいは場所を表わす場合に用いられますが、qui、queとことなり、関係詞節のなかで主語や直接目的語になることはありません。文法的な説明よりも、むしろ〈au cas où＋条件法〉「〜の場合には、もし〜ならば」を定形表現として覚えてしまったほうが早いでしょうか。得点率61%でした。

全5問の平均得点率は66%で、2023年度春季とくらべると1ポイント上昇しました。代名詞類に関しては、それぞれの用法・文法の知識はもちろん重要なのですが、定形表現としてまとまりで覚えておいたほうが実践的に使いやすい場合があります。そのためには、やはりできるだけ多くの過去問にあたるのが最良の方法と言えるでしょう。

解答　(1) ⑦　(2) ④　(3) ③　(4) ⑥　(5) ⑤

5　**解説**　長文中の空欄に入れるのにもっとも適切な語句を、それぞれ3つの選択肢のなかから選ぶ問題です。問題数は5、配点は各問2点、合計10点です。

今回は「売れ残りの野菜を利用したレストラン」がテーマです。文脈をたどりながら、順に解説していきます。

第1段落冒頭で、Un matin, quand Marie faisait ses courses au marché, elle a remarqué des poubelles pleines de légumes frais.「ある朝、Marieはマルシェで買い物をしているとき、新鮮な野菜でごみ箱がいっぱいになって

いるのに気づいた」と主人公、場面、最初の出来事が語られます。つづく第2文に空欄があります。D’abord, elle a été étonnée, (　1　) s’est sentie triste.「初めに、彼女は驚き、(　1　) 悲しいと感じた」。空欄の前後では、「驚き」と「悲しさ」という Marie の2種類の心理が複合過去で表現されています。文頭に d’abord「初めに」がありますので、これと組み合わせる形で、② et ensuite elle「そして次に彼女は」が正解です。① et cependant elle「しかしながら彼女は」の cependant は逆接の副詞です。「驚き」と「悲しさ」は、たしかにことなる種類の心理かもしれませんが、正反対の意味というわけではないので、ここではうまくあてはまりません。③ tandis qu’elle の tandis que は接続詞句で、「同時性」(「〜しているときに」) や「対立」(「〜に反して、〜であるのに」) を表わします。いずれにしても「順序」(の「一番初め」) を表わす d’abord とともに用いるのはやはり無理があります。得点率は78%でした。

第3文 Elle a demandé aux marchands pourquoi ils les avaient jetés.「彼女は商人たちに、なぜそれら (＝野菜) を捨てたのか尋ねた」につづいて、第4文にはその質問に対する商人たちの返答があります。Selon eux, ils le font (　2　) mais ils n’ont pas le choix : personne ne veut acheter ces légumes un peu trop gros ou trop petits.「彼らによれば、彼らは (　2　) そうしているのだが、選択肢がないのだ。少し大きすぎたり小さすぎたりするこれらの野菜をだれも買いたいとは思わない」。選択肢① avec plaisir「喜んで」では、故意に、つまりみずから選択して野菜を捨てていることになってしまうので、そのあとの逆接の接続詞 mais および ils n’ont pas le choix「(ほかに) 選択肢がない」という内容と、論理的につながりません。また、客が規格外の野菜を買わないという、野菜を捨てなければならない理由が述べられていますので、③ sans réfléchir「よく考えずに」もあてはまりません。② contre leur volonté「意に反して」が正解です。けっして好きこのんで野菜を廃棄しているわけではなく、やむをえない事情がある、ということです。得点率は54%と低調でした。

第5文には、Pourtant, ils sont sûrs que ces légumes-là sont aussi bons que des légumes « normaux ».「しかしながら、それらの野菜は『ふつうの』野菜と同じくらいおいしいと彼らは確信している」とあり、第6文では、そのことを根拠に、商人たちの意見が述べられています。C'est pourquoi ils pensent eux aussi (　3　).「だからこそ彼らもまた（　3　）考えているのだ」。文頭のc'est pourquoi「だからこそ、それゆえに」から、第5文と第6文の論理関係（理由とその帰結）は明らかです。選択肢① que c'est dommage「それは残念であると」はこの文脈に合います。これが正解です。日本語では、新鮮でおいしいのに捨てるのは「もったいない」がぴったりくるでしょうか。② qu'ils ne peuvent rien faire「彼らはなにもすることができないと」は、たしかに現状彼らが改善の努力をしてしていないことは事実ではあるのですが、Marieと同様に彼ら自身もそう考えているという記述はありませんので、空欄に入れるのにもっとも適切とは言えません。③ qu'ils ne s'y intéressent pas「彼らはそれに関心はないと」は、第5文の内容（売る立場として、規格外の野菜でも味はかわらないと確信している）と矛盾します。得点率は53%と、これも伸び悩みました。

第2段落第1・2文で、Marieが打開策を提案します。Un jour, Marie est allée voir le responsable du marché pour lui dire qu'elle voulait ouvrir un petit restaurant près de là. Elle lui a parlé des plats qui seraient faits avec les légumes non vendus et il a aimé son projet.「ある日、Marieはマルシェの責任者に会いにいき、そこの近くで小さなレストランを開きたいと言った。彼女が彼に、売れない野菜を使って作られる料理について話すと、彼はその企画を気に入った」。つづく第3文に空欄があります。(　4　) que le petit restaurant de Marie a ouvert.「（　4　）Marieの小さなレストランは開店した」。選択肢① C'est (que)「それは〜だからだ」（= c'est parce que）、② C'est ainsi (que)「こうして」、③ Il est clair (que)「明らかに〜」のうち、前後の文脈（Marieの提案が通る→レストラン開店）を適切につなぐことができるのは②です。得点率は70%でした。

第4文では、C'est un vrai succès, et il y a toujours du monde.「それは正真正銘の成功で、いつもおおぜいの人がいる」とMarieが開いたレストランについての報告があり、最後の第5文、Évidemment, les poubelles du marché sont aujourd'hui (　5　).「もちろん、マルシェのごみ箱はこんにち（　5　）である」で文章をしめくくっています。売れ残りの野菜を利用したレストランは大盛況なのですから、もちろんごみ箱は① aussi remplies qu’avant「以前と同様満杯」でも、③ toujours pleines「つねにいっぱい」でもなく、② presque vides「ほとんどからっぽ」であるはずです。正解は②です。①と③はほぼ同義で、しかも②と正反対の意味なので、解答はきわめて容易であるように思われましたが、意外にも得点率は5問中もっとも低く、52%でした。

全5問の平均得点率は61%で、2023年春季にくらべて10ポイント下落しました。5問中3問が得点率50%台前半で、80%台、90%台の問題がひとつもなかったことが低調の理由でしょう。この設問では、論理的な思考力と語彙力をふくむ総合的な読解力が必要になりますが、3択問題なので、どうしてもわからない場合は、消去法で考えてみてください。つまり、どれがもっとも適切か、というよりむしろ、まず、どれがもっとも適切でないか、適切でない理由はなにかを考え、それを選択肢から除外し、次に残りの2つで同じ作業を繰り返します。このようにすれば、ただぼんやりとわからない状態から、少しでも思考を前に進めることができます。

解答　(1) ②　(2) ②　(3) ①　(4) ②　(5) ②

6

解説 長文を読み、その内容について述べた文が、長文の内容に一致するか否かを判断する問題です。選択式問題で、内容について述べた文は6つ、配点は各問2点、合計12点です。

今回は、Véronique と介助犬 Léon の生活についての話です。

内容について述べた(1)〜(6)の文を長文中の各文と対応させ、日本語訳を付けながら解説していきます。

(1) Quand Léon est arrivé chez Véronique, il avait un an.「Léon は Véronique の家に着いたとき、1歳だった」。本文第1段落の第1〜3文に、Véronique, qui a un handicap, vit en fauteuil roulant. Et son chien de trois ans, Léon, l’accompagne pour l’aider. Il est arrivé chez elle il y a un an.「Véronique は障害をもっており、車いすで生活している。彼女の3歳の犬、Léon は、彼女を介助するために彼女に付き添う。彼は1年前に彼女の家に着いた」とありますので、内容に一致していません。現在3歳ということは、1年前は2歳だったはずです。得点率は6問中もっとも低く、45%で、2択

にもかかわらず5割に届きませんでした。約半数の受験者が、il y a un an「1年前」と il avait un an「彼は1歳だった」を混同してしまったと推測されます。

(2) Léon peut apporter à Véronique des choses qui sont sur une table.「Léon はテーブルの上にあるものを Véronique にもっていくことができる」。第4・5文に、Il ramasse tout ce qu'elle fait tomber par terre : ses clés, ses lunettes, son portable, etc. Il lui donne aussi certains objets qui se trouvent sur les tables, comme le journal ou les magazines.「彼女が地面に落とすあらゆるもの、たとえば鍵、めがね、携帯などを回収する。また、テーブルの上にある新聞や雑誌といったものを彼女にわたす」とありますので、内容に一致しています。得点率は78%でした。

(3) Léon aide Véronique à faire des courses.「Léon は Véronique が買い物するのを助ける」。第2段落第1文に、Léon peut même porter un petit sac de courses.「Léon は小さな買い物袋をもつことさえできる」とありますので、内容に一致しています。得点率は69%でした。

(4) Quand Véronique se sent mal, elle le fait savoir à Léon en fermant les yeux.「Véronique は具合が悪いとき、目を閉じてそのことを Léon に知らせる」。第2・3文に、Il peut aussi prévenir les gens quand elle se sent mal. « Il suffit que je ferme les yeux pendant quelques secondes, et il se met à aboyer », explique Véronique.「彼は彼女の具合が悪いとき、人々に通知することもできる。『数秒間目を閉じれば十分で、彼はほえ始めます』と Véronique は説明する」とありますので、内容に一致しています。得点率は63%でした。

(5) Selon Véronique, les gens n'ont plus peur du handicap.「Véronique によれば、人々はもはや障害に恐怖をいだくことはない」。第3段落の第1・2文に、Ce chien lui permet aussi d'avoir plus de relations sociales. « Le handicap fait encore un peu peur aux gens, surtout quand on a un handicap lourd », remarque Véronique.「この犬は彼女により多くの社会的関係をもつことを可能にする。『障害はまだ少し人々に恐怖をいだかせます、とくに重

い障害をもっている場合には』とVéroniqueは指摘する」とありますので、内容に一致していません。得点率は87%でした。

(6) Selon Véronique, elle peut avoir plus de relations sociales grâce à son chien.「Véroniqueによれば、彼女は犬のおかげでより多くの社会的関係をもつことができる」。上で見た第1文および第3・4文、« Avant, les gens hésitaient à venir me parler. Mais aujourd'hui, grâce à Léon, ils disent : "Il est beau votre chien !" et la conversation commence. »「『以前、人々は私に話しかけにくるのをためらっていました。しかしこんにちでは、Léonのおかげで、彼らは"すばらしい犬ですね"と言います。それで会話が始まるのです』」と照らし合わせると、内容に一致しています。得点率は6問中もっとも高く、95%でした。

全6問の平均得点率は73%で、2023年春季とくらべると14ポイント下がりました。(1)が大きく足を引っ張った形です。これは数字の問題というより、avoirの用法の問題です。基本的な語彙こそ、辞書をくまなく読んで、すべての用法をしっかりと身につけましょう。

解答 (1) ② (2) ① (3) ① (4) ① (5) ② (6) ①

7 **解説** 会話文の空欄にあてはまるもっとも適切な語句を、それぞれ3つの選択肢から選ぶ問題です。空欄は5つ、配点は各問2点、合計10点です。

今回は、いわゆるフィッシングメールをめぐるÈveとAxelとの会話です。話の筋をたどりながら順に見ていきましょう。

まずÈveが、Salut, Axel. (　1　) ?「やあ、Axel、(　1　) ?」となにか尋ねます。選択肢として、① Il s'agit de quoi「何のこと」、② Je te dérange「おじゃまかな」、③ Tu penses à quoi「何を考えている」とありますが、Axelは、Pas du tout. Quoi de neuf ?「ぜんぜん。なにかかわったことでも？」と応じています。pas du toutは否定の返答であり、そのあと会話が進展していることにかんがみると、正解は②です。得点率は5問中もっとも低く、44%でした。

Ève は、Ce matin, j'ai reçu un mail étrange de mon père.「けさ、お父さんからおかしなメールを受け取ったの」と、けさ起こった出来事について語り始めます。つづく Axel の（ 2 ）? の問いをうけて、Ève は、Il dit qu'il veut nous offrir dix mille euros pour notre mariage.「彼は私たちの結婚のために 10,000 ユーロ贈りたいって言ってるのよ」と答えます。会話の状況をおさえるために一応確認しておくと、Ève と Axel は結婚をひかえているカップルで、Ève と父親はおそらく同居はしておらず、多少ともメールのやりとりはする関係性のようです。さて、選択肢を見ると、① À quel sujet「何について、話題は何」、② Il t'écrit souvent「彼はよく（メールを）書いてよこすの」、③ Où「どこ」とあります。Ève はメールの内容について話していますので、正解は①です。得点率は 5 問中もっとも高く、94%でした。

結婚資金として 10,000 ユーロ贈りたいという Ève の父親の申し出に、Axel は、C'est gentil !（ 3 ）, alors ?「それはありがたい！ で、（ 3 ）?」と言っています。解答のヒントは空欄のあとの alors と、うれしい驚きのすぐあとに疑問をいだいていることです。Axel は Ève が「おかしなメール」と言っていたのをふと思い出したのです。Ève も Il veut les informations de mon compte en banque「彼は私の銀行口座の情報を求めてるの」と答えており、なにやら雲ゆきがあやしくなってきているのがわかります。選択肢① Il est petit「彼は小さい」、② Quel est le problème「問題は何」、③ Tu as l'air heureuse「君は幸せそう」のうち、この文脈に合うのは②です。得点率は 81%でした。

Ève は、et（ 4 ）il m'appelle Éva au lieu d'Ève dans son mail.「（ 4 ）彼はメールのなかで私のことを Ève じゃなくて Éva と呼んでるのよ」とつづけます。選択肢には、① en plus「さらに」、② par hasard「たまたま」、③ sûrement「たしかに」とあります。Ève の父親（とおぼしき人物）は、娘の銀行口座情報を引き出そうとしているのにくわえて、自分の娘なのに Ève ではなく Éva と呼ぶという、あやしい行動を 2 つ重ねていると考えられますので、①が正解となります。得点率は 70%でした。

Comment il peut se tromper comme ça ?「彼はどうやったらそんなふうにまちがえられるの？」という Ève の反語のような問いかけに、Axel は、

(　5　), c'est étrange. Attention, ça peut être un faux message. J'en reçois beaucoup, moi aussi.「(　5　)、それはおかしいね。気をつけて、にせのメッセージかもしれないよ。ぼくもたくさん受け取ってる」と応じています。Axel はメールが「おかしい」内容であることに同意・納得したうえで、Ève に注意喚起しています。してみると、空欄に入る適切な語句は、① En effet「たしかに、実際」です。② En réalité「実際には」と迷った受験者も多かったのではないかと思われますが、これは「対立」のニュアンスをふくんでおり、たとえば、Il a l'air heureux, mais il est en réalité triste.「彼は幸せそうなようすをしているが、実際には悲しい」のように用います。③ Pourtant「しかし、それでも」も「対立」を表わす副詞なので、ここにはあてはまりません。このように、お互い同意・納得する流れで、最後に Ève は、Je vais téléphoner à mon père pour vérifier.「お父さんに確認の電話をしてみるわ」と言っています。得点率は(1)とならんで最低の 44%でした。

全 5 問の平均得点率は 67%で、2023 年春季とくらべて 23 ポイントも下落し、2022 年秋季（66%）と同レベルに戻ってしまいました。この設問では、とくに文と文とを特定の論理関係をもってつなぐ語句が多く問われます。そうした接続表現については、辞書で意味（というか日本語訳）を調べるだけでなく、フランス語文のなかでの用例も確認するよう心がけましょう。

解答　(1) ②　(2) ①　(3) ②　(4) ①　(5) ①

書き取り・聞き取り試験

解説・解答

書き取り試験

解説 昨年生まれた孫についての話です。4つの文から構成されており、動詞の時制としては、複合過去、半過去、現在、単純未来が使われています。リエゾンは、Quand‿il の1箇所のみでした（この quand は接続詞）。得点率は47%でした。書き取り試験では、話されるフランス語を聞き取ってその内容を理解する能力と、そのフランス語を正確に書き取る能力が同時にためされます。日ごろからの地道で意識的な学習が必要となります。以下、誤りの多かった箇所を中心に解説していきます。

まずめだったのは主語人称代名詞と動詞部分のまちがいです。avoir の複合過去 J'ai eu の eu がないものや、*au*、*où*、*ou* などとしたもの、ai がないもの、エリジョンせずに *Je* ai eu としたものなどがありました。唯一の半過去 était を *est*、*etait*、*etais*、*est te*、*est tes*、*été* などとしたものが散見しました。il dit を *elle* dit としたり、dit ではなく *est*、*a*、*dis* などとしたものがありました。J'espère を J'*éspere*、J'*espere*、J'*éspère*、J'*espére*、J'*éspére* とするなど、これに関してはとにかくアクサン記号のまちがいが多く見られました。なかにはおそらく聞こえてきた音のみを手がかりに J'*ai super* とするものもありました。唯一の単純未来 sera については、*soit*、*soir*、*sont*、*a*、*ce la*、*sura* などの誤答がありました。

単語のつづりまちがいあるいは聞き誤りも少なからずありました。maintenant では、*mantenant*、*maintenent*、*maintement*、*mentenant*、*mantenent* とするなど、母音部分のまちがいが散見しました。10 / dix を 2、*deux*、*de*、*dit* としたり、mots を *moi*、*mot*、*mois*、*moins*、*mos*、*maux*、*mort*、*mon* とするなど、単音節の語はとくに聞き取りにくかったようです。santé も *sante*、*santè*、*sointe*、*senté* など、アクサン記号あるいは母音に関係したまちがいが多数ありました。

形容詞では、dernier を *dernière*、*dérnier*、*dérniere*、*dernièr* としたり、bonne を *bon*、*bonnes* とするなど、おもに性・数一致の誤りがめだちました。

唯一のリエゾン箇所 Quand‿il では、Quand’il、Quand *t*’il、Quand *t*-il、Quand-*t*-il、*Comme-t*-il や、これも音だけをたよりに、しかもおそらく Quand il est né をひとまとめにしてとらえて、*Continuer*、*Continue*、*Contirener*、*Contirenée* などとするまちがいがありました。

最後に文章全体の日本語訳を付けておきますので、参考にしてください。

「私は昨年孫息子を授かった。彼は生まれたときとても小さかった。しかし今や彼は 10 キロを超え、すでにいくつもの語を言う。彼がいつも健康であることを願う。」

解答　J’ai eu un petit-fils l’an dernier. Quand il est né, il était très petit. Mais maintenant, il fait plus de dix kilos et il dit déjà plusieurs mots. J’espère qu’il sera toujours en bonne santé.

聞き取り試験

1

（読まれるテキスト）

Clément : Qu’est-ce que tu fais, Manon ?

Manon : Chut ! Je regarde les oiseaux.

Clément : Où ça ?

Manon : Sur le toit. Tu vois les oiseaux avec la tête rouge et la poitrine blanche ?

Clément : Oui, ils sont jolis !

Manon : Et en plus, ils chantent bien ! Écoute !

Clément : C’est vrai. Tu sais comment ils s’appellent ?

Manon : Non, malheureusement. C’est la première fois que je vois ces oiseaux.

Clément : Alors, je vais les prendre en photo. Avec ces photos, je pourrai chercher leur nom facilement.

Manon : Si tu le trouves, envoie-moi un message le plus tôt possible, s'il te plaît.

Clément : D'accord !

(読まれる質問)

un : Comment sont les oiseaux ?

deux : Que font les oiseaux ?

trois : Manon connaît-elle les oiseaux ?

quatre : Pourquoi est-ce que Clément veut prendre les oiseaux en photo ?

cinq : Qu'est-ce que Manon demande à Clément ?

解説 まず2人の会話を聞き、次にその内容に関する質問を聞いて、あらかじめ問題冊子に印刷されている答えの文を完成させる問題です。今回、質問の数は5つ、空欄の数は8つ、空欄ごとに1点で、合計8点です。それぞれの空欄には1語ずつ記入します。

会話を聞く前に、問題冊子に印刷された答えの文をよく読んでおきましょう。空欄の前後の文脈から、空欄に入る語の品詞やその形（性・数、人称・活用など）をある程度予測することができます。(1)の最初の空欄では、直前に la があることから、無音の h 以外の子音字で始まる単数の女性名詞が入ると予想されますし、次の空欄に入るのは、文の構造から（等位接続詞 et はおそらく直接目的語を2つならべている）、la poitrine「胸」を修飾する形容詞の女性・単数形です。(2)の最初の空欄に入るのは、主語 Ils に合わせて活用した動詞でしょう。次の空欄には、無音の h 以外の子音字で始まる単数の男性名詞が入ります。(3)の空欄の直前に定冠詞 la がありますが、直後に fois「回、度」という名詞がきていますから、ここに入るのはおそらく名詞の前に置かれるタイプの形容詞の女性・単数形、しかも無音の h 以外の子音字で始まる単語ということで、かなり候補がしぼられます。(4)の 1 つ目の空欄の直前には pourra があることから、ここに入るのはおそらく不定詞の形の動詞です。2 つ目の空欄にはやはり無音の h 以外の子音字で始まる単数の男性名詞が入るはずですが、直後の des oiseaux「鳥たちの」から、それが鳥に関係するなにかであることがわかります。(5)については、空欄以外で文の構造上欠けている要素はありません。もし空欄の語が le plus tôt と組み合わせる形になっているなら、入りうる語はかなり限られます。

会話は全部で 3 回読まれます。1 回目では、できれば簡単なメモをとってもかまいませんが、あまり空欄の箇所にはとらわれず、会話の展開全体をしっかりつかむことに集中しましょう。こうした聞き取り問題で大切なのは、とにかく話の流れを見失わないことです。

今回は、Clément と Manon が初めて見る鳥について話している場面の会話です。読まれる質問の日本語訳を提示し、問題用紙に印刷されている答えの文の空欄に解答を入れながら、順に見ていきます。

(**1**)の質問は「鳥たちはどのようですか」です。まず Clément が、Qu’est-ce que tu fais, Manon ?「何してるの、Manon ？」と話かけ、Manon との会話のやりとりが始まります。Manon : Chut ! Je regarde les oiseaux.「しー！鳥を見てるのよ」。Clément : Où ça ?「どこ？」Manon : Sur le toit. Tu vois les oiseaux avec la tête rouge et la poitrine blanche ?「屋根の上よ。赤い頭で白い胸の鳥が見える？」したがって正解は、Ils ont la (tête) rouge et la poitrine (blanche). です。1 つ目の空欄では、*téte*、*têt*、*tété* など、アクサン記号関連の誤答が多く見うけられました。2 つ目の空欄でめだった誤答は、l と r をとりちがえた *branche*、男性形 *blanc*、母音を聞き誤った *blonche* などでした。得点率はそれぞれ 58%、65%でした。

(**2**)の質問は「鳥たちは何をしていますか」です。屋根の上にいる鳥たちが見えるかという Manon の質問に対して、Clément が、Oui, ils sont jolis !「うん、きれいだね！」と答えると、Manon は、Et en plus, ils chantent bien ! Écoute !「そのうえ、(鳥たちは) じょうずに歌うのよ！　聞いて！」と付け加えます。正解は、Ils (chantent) sur le (toit). です。1 つ目の空欄でめだった誤答は、*sont*、*ont*、*écoutent*、*font*、*regardent*、*prennent* など、とにかく主語に合わせてなんらかの動詞を活用させたものでした。この結果から、受験者の多くは、文法はある程度知っているけれども、しっかり聞き取りながら会話の流れをたどることはできていない、ということがわかります。これから準2級を受験する人には、聞き取り試験対策のために参考にしてほしい事実です。2つ目の空欄では、*toi*、*tois*、*trois*、*toît*、*toî* や、会話には出てこない *bois*、*mur*、*ciel* などの誤答がありました。toit は単音節で、しかも会話のなかでは先に出てきていて、ils chantent からは少し離れているので、よけいにむずかしかったのかもしれません。得点率は chantent のほうが 33%、toit のほうは1割にも満たない 9%でした。

(**3**)の質問は「Manon はそれらの鳥のことを知っていますか？」です。上の会話につづけて Clément が、C'est vrai. Tu sais comment ils s'appellent ?「ほんとだ。なんていう鳥か知ってる？」と尋ねると、Manon は、Non, malheureusement. C'est la première fois que je vois ces oiseaux.「いいえ、残念ながら。これらの鳥を見るのは初めてよ」と答えていますので、正解は、Non, c'est la (première) fois qu'elle les voit. です。序数ですので、$1^{\text{ère}}$ あるいは 1re としてもかまいません。誤答でもっとも多かったのは男性形の *premier* です。次いで、やはりアクサン記号関連の誤答、*premiere*、*premiére*、*prémière*、*prémiere*、*prèmier*、*prémier* などが散見しました。得点率は 30%でした。女性形とはいえ、文字どおり「最初の」序数ですし、5級レベルのごく基本的な語彙ですので、もう少しできていてもよかったところです。

(**4**)の質問は「なぜ Clément はその鳥たちを写真に収めたいのですか」です。Clément は、Alors, je vais les prendre en photo. Avec ces photos, je pourrai chercher leur nom facilement.「じゃあ、（その鳥たちを）写真に収めとくよ。それらの写真を使えば、簡単にその名前を調べられる」と言っています。正解は、Parce qu'avec les photos, il pense qu'il pourra (chercher) le (nom) des oiseaux facilement. です。1つ目の空欄では、*charcher*、*cherche*、*cherché*、*chércher* といったスペルミスがめだちました。2つ目の空欄では、やはり単音節で聞き取るのがむずかしかったためか、*photo*、*moment*、*mont*、*mot*、*nombre*、*monde* など、さまざまな誤答がありました。得点率はそれぞれ 69%、23%でした。

(**5**)の質問は「Manon は Clément に何をたのみますか」です。Si tu le trouves, envoie-moi un message le plus tôt possible, s'il te plaît.「もし（その名前を）みつけたら、できるだけ早くメッセージを送ってね、お願い」という Manon の依頼に対して、Clément は、D'accord !「了解」と応じています。正解は Elle lui demande de lui envoyer un message le plus tôt (possible). です。これには *bien*、*simple*、*demain* など、若干の誤答はありましたが、かなりよくできていました。得点率は 8 問中もっとも高く、86 %でした。

全 8 問の平均得点率は 47%で、2023 年春季（48%）からほぼ横ばい状態です。フランス語は語末の子音字を発音しないことが多いため、とくに単音節の語の場合はさらに聞き取る難度が上がり、得点をかせぎにくくなります。それをカバーするためにも、基本的な語彙は絶対にとりこぼしのないようにしましょう。

解答　(1) (tête) (blanche)　(2) (chantent) (toit)　(3) (première)
(4) (chercher) (nom)　(5) (possible)

2

（読まれるテキスト）

Avant, j'habitais tout seul à Paris. J'allais au bureau en métro et cela prenait une demi-heure. Depuis six mois, j'habite loin de la ville avec ma copine Claire et nous travaillons tous les deux à la maison, sur Internet.

C'est Claire qui va au supermarché. Moi, je prépare les repas. Nous mangeons beaucoup de légumes et très peu de viande. Le week-end, elle sort avec ses amis et je reste à la maison pour lire des livres. Ces derniers temps, je me sens fatigué et je ne dors pas bien.

Ce matin, Claire m'a dit : « Allons ensemble au parc. » Nous nous sommes promenés jusqu'à midi et nous avons acheté des sandwichs pour le déjeuner.

Cet après-midi, je vais très bien. Je dormirai bien cette nuit.

(読まれるテキストの内容について述べた文)

---

un : Avant, Julien habitait avec sa copine Claire à Paris.

deux : À Paris, Julien mettait une demi-heure pour aller au bureau.

trois : Julien travaille à la maison depuis six mois.

quatre : C'est Claire qui prépare les repas.

cinq : Julien et Claire mangent beaucoup de viande et très peu de légumes.

six : Le week-end, Julien lit des livres à la maison.

sept : Ces derniers temps, Julien ne dort pas bien.

huit : C'est Julien qui a dit à Claire ce matin : « Allons ensemble au parc. »

neuf : Julien et Claire ont fait une promenade avant le déjeuner.

dix : Julien ne va pas bien cet après-midi.

解説 まず、フランス語のまとまった文章を聞きます。次に、おなじくフランス語の 10 の文を聞いて、それぞれの文が、読まれた文章の内容に一致するかどうかを判断する問題です。各問 1 点、合計 10 点です。

今回は、Julien がパリ郊外に引っ越したのを機に Claire と同居し、ふたりとも在宅勤務するようになったという話です。以下、長文の内容に一致するかしないかを問う 10 の文に日本語訳を付けながら解説していきます。

(1) 「以前、Julien はパリで恋人の Claire といっしょに住んでいた」。第 1 段落第 1 文に、Avant, j'habitais tout seul à Paris.「以前、私はパリでひとり暮らしをしていた」とありますので、内容に一致していません。得点率は 75%でした。

(2) 「パリでは、Julien は仕事場へ行くのに 30 分かかっていた」。第 2 文に、J'allais au bureau en métro et cela prenait une demi-heure.「私は地下鉄で仕事場へ行っていて、それは 30 分かかっていた」とありますので、内容に一致しています。得点率は 78%でした。

(3) 「Julien は 6ヵ月前から在宅勤務をしている」。第 3 文に、Depuis six mois, j'habite loin de la ville avec ma copine Claire et nous travaillons tous les deux à la maison, sur Internet.「6ヵ月前から、私は（パリの）町から離れたところに恋人の Claire といっしょに住んでおり、私たちはふたりともインターネットで在宅勤務をしている」とありますので、内容に一致しています。得点率は 67%でした。

(4) 「食事を用意するのは Claire である」。第 2 段落第 1・2 文には、C'est Claire qui va au supermarché. Moi, je prépare les repas.「スーパーに行くのは Claire である。私が食事を用意する」とあります。食事を用意するのは Julien ですので、内容に一致していません。得点率は 69%でした。

(5) 「Julien と Claire はたくさんの肉とごく少ない野菜を食べる」。第 3 文では、Nous mangeons beaucoup de légumes et très peu de viande.「私たちはたくさんの野菜とごく少ない肉を食べる」となっています。肉と野菜の量は逆ですので、内容に一致していません。得点率は 76%でした。

(6) 「週末、Julien は家で本を読む」。第 4 文に、Le week-end, elle sort avec ses amis et je reste à la maison pour lire des livres.「週末、彼女は友だちと出かけ、私は家にとどまり本を読む」とありますので、内容に一致しています。得点率は 84%でした。

(7) 「最近、Julien はよく眠れない」。第 5 文に、Ces derniers temps, je me sens fatigué et je ne dors pas bien.「最近、私は疲労感があって、よく眠れ

ない」とありますので、内容に一致しています。得点率は75%でした。

(8)「Julien がけさ Claire に『いっしょに公園へ行こう』と言った」。第3段落第1文では、Ce matin, Claire m'a dit : « Allons ensemble au parc. »「けさ、Claire は私に『いっしょに公園へ行こう』と言った」となっています。公園へ行こうと誘うほうと誘われるほうが逆なので、内容に一致していません。得点率は10問中もっとも低く、46%でした。

(9)「Julien と Claire は昼食の前に散歩をした」。第2文に、Nous nous sommes promenés jusqu'à midi et nous avons acheté des sandwichs pour le déjeuner.「私たちは正午まで散歩し、昼食のためにサンドイッチを買った」とありますので、内容に一致しています。得点率は72%でした。

(10)「きょうの午後、Julien は調子がよくない」。第4段落に、Cet après-midi, je vais très bien. Je dormirai bien cette nuit.「きょうの午後、私は調子がいい。今夜はよく眠れそうだ」とありますので、内容に一致していません。得点率は84%でした。

全10問の平均得点率は73%で、2023年度春季とくらべて9ポイント下がりました。(8)で5割を切ったのと、90%台がひとつもなかったことが全体的な低調のおもな理由です。(4)と(8)では Julien と Claire の行為が逆で、(5)では肉と野菜の量が逆でした。単語をばらばらに聞き取るだけでは、このような問題に対処することはできません。文をひとつのまとまりとして聞き取り、理解することが重要です。聞き取りができるようになるためには、聞き取りの練習・実践を繰り返すほかありません。

解答　(1) ②　(2) ①　(3) ①　(4) ②　(5) ②　(6) ①
(7) ①　(8) ②　(9) ①　(10) ②

1次試験配点表

筆記試験	1	2	3	4	5	6	7	小計	書き取り	小計	聞き取り	1	2	小計	合計
	8点	10	10	10	10	12	10	70		12		8	10	18	100

2 次 試 験

試験方法

音 読

問題カードに印刷された35語程度のフランス語の文章を音読します。配点は10点です。

試験の進行は基本的に春季と秋季で同じです。音読する前に、1分間、黙読する時間があたえられます。そのあいだに内容や発音を確認しておきましょう。とくに、リエゾンすべき箇所と、逆に、してはならない箇所をきちんと確認しておきましょう。

また、フランス語は発音の規則がしっかりときまっていますので、日ごろからその規則を意識して音読する習慣を身につけておいてください。本番の試験では、個々のフランス語の発音だけでなく、文章全体のリズムにも留意しつつ、落ちついて読んでください。万一、読みまちがえても、訂正して読みなおすことがゆるされていますので、リラックスして、かつ明瞭な声で発音してください。

質問と答え

問題カードに印刷されたフランス語の文章についての2つの質問と、イラストについての3つの質問の合計5つの質問に答えます。質問と答えのやりとりは、すべてフランス語でおこなわれます。配点は、各質問4点、合計20点です。

各質問には、原則として、主語と動詞をふくむ完全なフランス語の文で答えてください。日常会話ならば主語や動詞をはぶいて答えても会話として成立することはありますが、ここでは正しくフランス語の文を構成する能力のあるなしが審査されていると考えてください。

また、質問のなかにでてくる名詞を答えのなかで繰り返す場合、代名詞にするほうが自然です。その名詞の性・数に合わせた代名詞に置きかえることができるかどうかも審査の対象となります。

印刷されたフランス語の文章についての質問は、ほとんどの場合、文章中に答えをみつけることができます。ただし、文章中の一部をそのまま抜きだしただけでは答えとしてふさわしくない場合もありますので、質問に応じてふさわしい形に整えて答えてください。

イラストについての質問は、qu'est-ce que、qu'est-ce qui、combien といった疑問詞をふくむもの、あるいは時刻や天候を問うものなど、だいたいパターンがきまっています。描かれた人やものの位置関係、あるいは数などに注意するのはもちろんですが、名詞の性・数や、冠詞にも気を配ってください。

解　説

A

音　読

けさ Camille が友だちと夏用のバッグを買いにいったところ、デパートの前にブラジルのミュージシャンたちがいて、しばし聴き入ったという内容の文章です。第 1 文の est allée のところと第 3 文の sont arrêtées のところはリエゾンしてもしなくてもかまいません。第 3 文の un‿instant と les‿écouter はかならずリエゾンします。

質問と答え

音読した文章についての質問

Question 1 : Quand est-ce que Camille est allée acheter son nouveau sac ?
「Camille は新しいバッグをいつ買いにいきましたか」という質問です。確認しておくと、疑問詞としての quand [kɑ̃] は、quand est-ce que の場合のみ quand‿est のところで [t] の音でリエゾンし、全体で [kɑ̃-tɛsk] となります。動詞部分は aller が複合過去で、さらに〈 aller ＋不定詞 〉「～しにいく」の形で用いられています。答え方としては、基本的には第 1 文を使います。まず主語 Camille を代名詞の elle に代えます。第 1 文では acheter の直接目的語は不定冠詞の付いた un nouveau sac ですが、質問では所有形容詞を付けて son nouveau sac と言っているので、これを代名詞 le に代え、acheter の前に置き（結果的に l' になる）、Elle est allée l'acheter ce matin.「彼女はそれをけさ買いにいった」と答えます。est allée のところはリエゾンしてもしなくてもかまいません。エリジョンや位置の問題もありますので、son nouveau sac は代名詞に代えなくてもけっこうです。ただし、第 1 文をそのまま同じ形、同じ語順で言ってしまうと、いま説明したような不定冠詞と所有形容詞のちがいがありますし、文頭に置かれた Ce matin は文の本質的・必要不可欠な要素というよりむしろ状況を補足説明する付随的要素になりますので、「いつ」を尋ねている質問への応答としては、ややずれてしまいます。このように、あたえられた文章をそのまま読むだけでは完全な正答にならない場合がありますので注意しましょう。とにかく、フランス語の質問を一字一句聞きもらさず、形式的にも内容的にもしっかり理解し、問われている事柄に的確に答えることが重要です。

Question 2 : Où étaient les musiciens ?「ミュージシャンたちはどこにいましたか」という質問です。定冠詞の付いた les musiciens というのは、第 2 文の des musiciens brésiliens のことです。解答にあたっては、これも基本的には第 2 文を参照しますが、いくつかの点で修正が必要です。主語は代名詞 ils に代えます。質問文の動詞は étaient ですので、これをそのまま使います。文頭にあった Devant le grand magasin は étaient のすぐあとに置くのが自然な語順です。完全な解答は Ils étaient devant le grand magasin.「彼らはデパートの前にいました」となります。Ils‿étaient のところはかならずリエゾンします。Question 1 と同様に、第 2 文（非人称構文）をそのまま読む形で答えてしまうと、質問文と主語・動詞がちがいますし、文の重点がずれますので、減点の対象となります。もちろん主語・動詞のない Devant le grand magasin. も減点されます。また、おそらくイラストに引きずられて Ils *sont* devant le grand magasin. と現在形で答えてしまった受験者もいたようですが、これだと時制がことなります。全部で 5 つある質問のうち、最初の 2 つはあたえられた文章の内容に関するものであることを忘れないでください。

イラストについての質問

Question 3 : Il y a combien de CD devant les musiciens ?「ミュージシャンたちの前に何枚の CD がありますか」という、数を尋ねる 2 次試験の定番問題です。2 人のミュージシャンの前に置かれたギターケースのなかに CD が 4 枚ありますので、中性代名詞 en 用いて Il y en‿a quatre.「4 枚あります」と答えます。en と a のあいだではかならずリエゾンします。en を用いず、Il y a quatre CD. と答えてもかまいません。*Il y a quatre*. や *Il y en a quatre CD*. は文法的にまちがっており、0 点になりますので、くれぐれも注意してください。

Question 4 : L'homme à droite, qu'est-ce qu'il fait ?「右側の男性は何をしていますか」という質問です。イラストのなかの 2 人の男性ミュージシャンのうち、向かって右側の男性はギターをひいていますので、Il joue de la guitare. と答えます。joue のかわりに fait も可です。また、de la guitare のかわりに de la musique でもかまいませんが、いずれにしても冠詞に気をつけてください。*une* guitare、*la* guitare、*une* musique、*la* musique や、そもそも性がまちがっているものは減点の対象になります。もちろん主語・動詞がない答え方も相応に減点されます。

Question 5 : Qu'est-ce qu'il y a à côté de la jeune femme ?「若い女性のそばに何がありますか」という質問です。女性の足もとに鳥が 2 羽いますので、Il y a des‿oiseaux. あるいは Il y a deux‿oiseaux. と答えます。いずれにせよかならずリエゾンする箇所がありますので気をつけてください。Il y a の省略は当然減点対象です。

解答例　(　　) 内は省略可。[　/　] は / の左右どちらでも可。

Question 1 : Elle est allée l'acheter ce matin.
Elle est allée acheter son nouveau sac, ce matin.

Question 2 : Ils‿étaient devant le grand magasin.

Question 3 : Il y en‿a quatre. / Il y a quatre CD.

Question 4 : Il [joue / fait] [de la guitare / de la musique].

Question 5 : Il y a [des‿ / deux‿] oiseaux..

B

音　読

Paul は芸術愛好家で、週末に絵を描き、あしたは小さな村にある著名な画家の生家で開催される展覧会を見にいくという内容の文章です。かならずリエゾンしなければならない箇所は、第 3 文の dans‿un のところだけです。peinture「絵画」と peintre「画家」はどちらも動詞 peindre「(絵の具で) 描く」の派生語で、形もよく似ていますので、読むときは混同しないように、しっかり区別して発音してください。

質問と答え

音読した文章についての質問

Question 1：Quand est-ce que Paul fait de la peinture ?「Paul はいつ絵を描きますか」という質問です。これは第 2 文をそのまま使って、Il fait de la peinture le week-end.「彼は週末に絵を描きます」と答えます。de la peinture を中性代名詞 en に置きかえて動詞の前に出し、Il en fait le week-end. としてもけっこうです。

Question 2：Où aura lieu l'exposition dans le village ?「展覧会は村のなかのどこで開催されますか」という質問です。疑問詞 où が文頭に出た関係で、動詞部分と主語が倒置されたようなかっこうになっています。avoir lieu は「起こる、開催される」という意味の熟語で、ここでは単純未来形で使われています。答え方としては、これも第 4 文をそのまま用いて、Elle aura lieu dans la maison où l'artiste est né.「それは芸術家が生まれた家で開催されます」とすれば正解です。l'artiste のかわりに le peintre としてもかまいませんが、直前の第 3 文では un peintre と不定冠詞付きで出てきているので、冠詞のまちがいを誘発しかねない変更はやめておくのが無難です。おそらく質問文の冒頭の où だけを聞いて早合点したのだと思われますが、第 3 文の dans un petit village を使って答えてしまった受験者がかなりいたようです。質問のポイントは「村のなかのどこ」なのかです。質問は最後までしっかり聞くようにしましょう。

イラストについての質問

Question 3 : Vous voyez combien de personnes ?「何人の人が見えますか」という質問です。イラストでは、家のなかに2人、外に1人、計3人いますので、中性代名詞 en を使って J'en vois trois. とするか、あるいは en を使わずに Je vois trois personnes. とすれば正解です。Vous voyez で聞かれていますので、*Il y en a* trois. や *Il y a* trois personnes. では相応の減点になります。

Question 4 : L'homme à gauche, qu'est-ce qu'il dessine ?「左側の男性は（鉛筆で）何を描いていますか」という質問です。イラストの左側にいる男性は、鉛筆でリンゴを素描（デッサン）していますので、Il dessine une pomme. と答えます。une pomme のかわりに un fruit としてもけっこうです。ちなみに動詞 dessiner は鉛筆、ペン、クレヨン、チョークなどを用い、線を引く形で描くことを指します。絵の具を塗る形で描くことを指す peindre と区別して覚えましょう。

Question 5 : Quel temps fait-il ?「どのような天気ですか」という定番の質問です。窓の外は雨が降っていますので、Il pleut. と答えます。Il fait mauvais. もしくは Il fait mauvais temps.「天気は悪いです」、また Le temps est à la pluie.「雨模様です」でも可です。天気に関する質問への答えは、だいたい Il fait beau.「よい天気です」、Il pleut.「雨が降っています」、Il neige.「雪が降っています」の3パターンにしぼられます。こうした定番の質問では絶対に取りこぼしのないようにしましょう。ここで確実に満点を取ることが合格への近道です。

解答例　（　　）内は省略可。[　/　] は / の左右どちらでも可。

Question 1 : Il fait de la peinture le week-end. / Il en fait le week-end.
Question 2 : Elle aura lieu dans la maison où [l'artiste / le peintre] est né.
Question 3 : J'en vois trois. / Je vois trois personnes.
Question 4 : Il dessine [une pomme / un fruit].
Question 5 : Il pleut. / Il fait mauvais (temps). / Le temps est à la pluie.

学校別受験者数一覧

2023 年度春季　＜大学・短大別出願状況＞

出願者数合計が 10 名以上の学校を抜粋しました（50 音順）。

	学校名	合計		学校名	合計		学校名	合計
団体	愛知県立大学	20	団体	金城学院大学	21	団体	獨協大学	45
	愛知大学	19	団体	慶應義塾大学	155	団体	富山大学	18
団体	青山学院大学	65	団体	国際教養大学	29	団体	長崎外国語大学	20
団体	跡見学園女子大学	25	団体	順天堂大学	14	団体	長崎大学	21
団体	茨城キリスト教大学	12	団体	上智大学	82	団体	名古屋外国語大学	22
	岩手大学	14	団体	昭和女子大学	29	団体	奈良女子大学	11
団体	宇都宮大学	12	団体	白百合女子大学	60	団体	南山大学	18
団体	大阪教育大学	16	団体	成城大学	30		日本女子大学	21
団体	大阪大学	29	団体	聖心女子大学	21	団体	日本大学	29
団体	お茶の水女子大学	25	団体	西南学院大学	13	団体	広島大学	20
	香川大学	22		大東文化大学	21	団体	フェリス女学院大学	16
団体	学習院大学	91	団体	中央大学	89	団体	福岡大学	24
団体	金沢大学	19		筑波大学	14	団体	法政大学	44
	関西大学	31		津田塾大学	19		北星学園大学	13
	関西学院大学	57	団体	帝京大学	20	団体	武蔵大学	54
団体	関東学院大学	11	団体	東海大学	25	団体	武蔵野美術大学	16
団体	京都外国語大学	35		東京大学	51	団体	明治学院大学	121
団体	京都産業大学	35		東京都立大学	11	団体	明治大学	125
団体	京都女子大学	13	団体	同志社女子大学	10		横浜国立大学	18
団体	京都大学	13		同志社大学	26	団体	立教大学	89
団体	共立女子大学	43		東北大学	106	団体	立命館大学	54
	近畿大学	15		東洋大学	43	団体	早稲田大学	150

2023 年度春季　＜小・中・高校・専門学校別出願状況＞

出願者数合計が 5 名以上の学校を抜粋しました（50 音順）。

	学校名	合計		学校名	合計		学校名	合計
団体	アサンプション国際中学校・高等学校	36		慶應義塾湘南藤沢中・高等部	5	団体	浜松学芸中学・高等学校	6
団体	埼玉県立伊奈学園総合高等学校	37	団体	神戸海星女子学院中学・高等学校	7	団体	福島県立福島南高等学校	12
団体	大妻中野中学校・高等学校	35		神戸国際中学校・高等学校	14	団体	雙葉中学校・高等学校	12
	学習院女子中・高等科	10	団体	岩手県立不来方高等学校	7	団体	北海道札幌国際情報高等学校	11
団体	カリタス女子中学高等学校	65	団体	白百合学園中学高等学校	62	団体	神奈川県立横浜国際高等学校	29
	神田外語学院	5	団体	聖ウルスラ学院英智高等学校	40	団体	立命館宇治中学校・高等学校	29
団体	暁星国際流山小学校	10	団体	聖ドミニコ学園中学高等学校	13	団体	埼玉県立和光国際高等学校	5
団体	暁星中学・高等学校	40	団体	日本外国語専門学校	10	団体	早稲田大学高等学院	10

2023 年度秋季　＜大学・短大別出願状況＞

出願者数合計が 10 名以上の学校を抜粋しました（50 音順）。

	学校名	合計		学校名	合計		学校名	合計
団体	愛知県立大学	27	団体	神戸大学	35	団体	常葉大学	20
	愛知大学	20	団体	国際教養大学	32	団体	獨協大学	60
団体	青山学院大学	95	団体	駒澤大学	11	団体	富山大学	18
団体	秋田大学	13	団体	静岡県立大学	11	団体	長崎大学	24
団体	亜細亜大学	24		島根大学	136	団体	名古屋外国語大学	33
団体	跡見学園女子大学	34	団体	順天堂大学	186	団体	奈良女子大学	19
団体	茨城キリスト教大学	38	団体	上智大学	99	団体	南山大学	25
	岩手大学	15	団体	昭和女子大学	48		日本女子大学	19
団体	愛媛大学	28	団体	白百合女子大学	97	団体	日本大学	54
団体	大阪教育大学	29	団体	椙山女学園大学	11	団体	広島修道大学	12
団体	大阪大学	53	団体	成城大学	102	団体	広島大学	20
団体	お茶の水女子大学	50	団体	聖心女子大学	71	団体	フェリス女学院大学	19
	香川大学	15	団体	西南学院大学	28	団体	福岡女子大学	27
団体	学習院大学	142		専修大学	21	団体	福岡大学	72
団体	金沢大学	23	団体	創価大学	13	団体	法政大学	49
	関西大学	33		大東文化大学	29		北星学園大学	21
	関西学院大学	66	団体	拓殖大学	105		北海道大学	15
団体	関東学院大学	11	団体	中央大学	129	団体	武庫川女子大学	77
団体	九州産業大学	14		中京大学	17	団体	武蔵大学	55
団体	九州大学	36		筑波大学	10	団体	武蔵野美術大学	20
団体	京都外国語大学	60		津田塾大学	31	団体	明治学院大学	100
団体	京都産業大学	115	団体	帝京大学	33	団体	明治大学	198
団体	京都女子大学	14	団体	東海大学	41		名城大学	48
団体	京都大学	12		東京女子大学	13	団体	山形大学	59
団体	共立女子大学	46		東京大学	53		横浜国立大学	10
	近畿大学	20		東京都立大学	11	団体	立教大学	233
団体	金城学院大学	32		同志社大学	19	団体	立命館大学	76
団体	慶應義塾大学	399		東北大学	156		琉球大学	15
団体	甲南大学	10		東洋大学	86	団体	龍谷大学	10
	神戸市外国語大学	10		徳島大学	10	団体	早稲田大学	249

2023 年度秋季　＜小・中・高校・専門学校別出願状況＞

出願者数合計が 5 名以上の学校を抜粋しました（50 音順）。

	学校名	合計		学校名	合計		学校名	合計
団体	アサンプション国際中学校・高等学校	11	団体	暁星中学・高等学校	47	団体	東京女子学院中学校高等学校	8
団体	埼玉県立伊奈学園総合高等学校	30	団体	慶應義塾高等学校	11	団体	日本外国語専門学校	14
団体	大妻中野中学校・高等学校	67		慶應義塾湘南藤沢中・高等部	5	団体	雙葉中学校・高等学校	13
団体	カリタス小学校	45	団体	神戸海星女子学院中学・高等学校	41	団体	東京都立三田高等学校	9
団体	カリタス女子中学高等学校	61		神戸国際中学校・高等学校	7	団体	明治大学付属中野八王子中学校・高等学校	8
	神田外語学院	5	団体	岩手県立不来方高等学校	8	団体	神奈川県立横浜国際高等学校	20
団体	東京都立北園高等学校	11	団体	湘南白百合学園中学・高等学校	7	団体	立命館慶祥中学校・高等学校	7
団体	暁星国際小学校	9	団体	白百合学園中学高等学校	110	団体	早稲田大学高等学院	74
団体	暁星国際中学・高等学校	8	団体	聖ウルスラ学院英智高等学校	27			
団体	暁星国際流山小学校	9	団体	聖ドミニコ学園中学高等学校	9			

文部科学省後援

実用フランス語技能検定試験

2024 年度版 2 級・準 2 級

仏検公式ガイドブック

定価　2,970 円
（本体 2,700 円＋税 10 %）

2024 年 4 月15日 発行

編　者
発 行 者　公益財団法人　フランス語教育振興協会

発行所　公益財団法人　**フランス語教育振興協会**
〒102-0073 東京都千代田区九段北 1-8-1 九段101ビル 6F
電話（03）3230-1603　FAX（03）3239-3157
https://apefdapf.org

発売所　（株）**駿　河　台　出　版　社**
〒101-0062 東京都千代田区神田駿河台 3-7
電話（03）3291-1676（代）　FAX（03）3291-1675
http://www.e-surugadai.com

ISBN978-4-411-90307-5　C0085　￥2700E

2級・準2級の音声の聞き方

書き取り・聞き取り問題の音声の番号は以下のとおりです。

2級：2023年度春季 問題

- 01 書き取り 全文
- 02 書き取り ポーズ入り
- 03 聞き取り [1] Aurélien と Louise の会話
- 04 聞き取り [1] 質問(1)～(5)
- 05 聞き取り [1] 質問(1)～(5)ポーズ入り
- 06 聞き取り [2] Jules の話
- 07 聞き取り [2] 内容について述べた文(1)～(10)

2級：2023年度秋季 問題

- 08 書き取り Romain の話
- 09 書き取り ポーズ入り
- 10 聞き取り [1] Laure へのインタビュー
- 11 聞き取り [1] 質問(1)～(5)
- 12 聞き取り [1] 質問(1)～(5)ポーズ入り
- 13 聞き取り [2] Charles の話
- 14 聞き取り [2] 内容について述べた文(1)～(10)